教育家茶座

主编 关延平
执行主编 井光进

Teahouse for Educators

2024年第1辑　总第6辑

山东人民出版社·济南
国家一级出版社 全国百佳图书出版单位

图书在版编目（CIP）数据

教育家茶座. 第6辑 / 关延平主编. -- 济南 : 山东人民出版社, 2024. 7. -- ISBN 978-7-209-13841-3

Ⅰ. G4-53

中国国家版本馆CIP数据核字第202462JR37号

教育家茶座　第6辑
JIAOYUJIA CHAZUO　DI 6 JI
关延平　主编

主管单位　山东出版传媒股份有限公司
出版发行　山东人民出版社
出 版 人　胡长青
社　　址　济南市市中区舜耕路517号
邮　　编　250003
电　　话　总编室（0531）82098914
　　　　　市场部（0531）82098027
网　　址　http://www.sd-book.com.cn
印　　装　山东新华印务有限公司
经　　销　新华书店

规　　格　16开（169mm×239mm）
印　　张　8.5
字　　数　180千字
版　　次　2024年7月第1版
印　　次　2024年7月第1次
ISBN 978-7-209-13841-3
定　　价　36.00元
　　　　　如有印装质量问题，请与出版社总编室联系调换。

目录

卷首语

赋予教育家茶座更多新特质 / 关延平 002

茶访

教育家精神访谈录（节选） 006

山泉水

生命教育的追寻，学校何为？ / 吕玉刚 012

指向五育并举的中小学过程性评价：内涵、问题与建议 / 刘坚 018

过去二十年的学校变革，为未来留下了什么焦点思考？ / 张华 028

茶道

“双新”实施后，一线教师何以用学科课程育人？ / 崔允漷 036

智能时代教学转型：未来愿景、当下进程和实践案例 / 李玉顺 042

教育现代化视域下学校课程治理的研究与实践 / 江培英 047

全科阅读课程，实现学生素养全面提升 / 张申 052

公道杯

学校民主管理的基本方式及其适用边界 / 苏君阳 058

县教育局长的行为逻辑：条块分割之中的生存之舞 / 司洪昌 063

“教育集团+优质学区”，引领区域教育均衡 / 李新生 070

家校合作的困境与出路 / 马青林 074

传承齐文化精髓，培育健康个性人才 / 孙正军 081

功夫茶

一场外科手术般的组织变革 / 于海龙 088

从自主管理实现到班级文化进化 / 董向东 096

和悦智慧校园教育数字化转型下的“未来学校” / 王立新 103

学校德育：链接教育科研 / 王永军 112

历史上的教育家

梅贻琦的清华故事 / 钟秀斌 120

品茗清韵 · 我们的歌

静　思 / 柳袁照 132

JUANSHOUYU

卷首语

赋予教育家茶座更多新特质

关延平

2023年教师节期间，习近平总书记全面深刻阐述了中国特有的教育家精神的丰富内涵和实践要求，并勉励广大教师以教育家为榜样，在大力弘扬教育家精神上做出好文章。作为《教育家茶座》这样一份与时代要求如此紧密、如此契合的读物，理应具有更高的站位、更大的担当，在持续引领社会对教育和对教育家精神的理念认同、服务教育系统广大干部教师办好高质量教育上，付出更多努力，涌现出更多新成果。

在弘扬教育家精神上做出好文章

通过精研心有大我、至诚报国的理想信念，言为士则、行为世范的道德情操，启智润心、因材施教的育人智慧，勤学笃行、求是创新的躬耕态度，乐教爱生、甘于奉献的仁爱之心，胸怀天下、以文化人的弘道追求这六个方面的深刻内涵，不断推出系列文章。对教育家精神，既要有综合化、系统化推动的研究和实践，又应分门别类进行梳理，推出针对不同方面的深度见解。在这方面，我们这份读物应做到思想引领更具高度，始终以习近平新时代中国特色社会主义思想为指导，全面引导落实党和国家对教育的各项要求。专业解读更具深度，组织一批大家学者，逐条逐项甚至是逐字逐句剖析思考，引领全社会对教育家精神的认识不断深入。素材选取更具广度，刊登的文章既有理论界的最新研究，又包含教育教学一线的鲜活案例，多维度、立体化、不间断地回答好、践行好弘扬教育家精神这一时代使命。

在发现身边的教育家上讲出好故事

长期以来，我们的教育工作者以争当“四有好老师”、成为“大先生”为目标追求，躬耕教坛立德树人，涌现出了很多感人事迹，也探索出诸多创新案例。我们这本书应特别注重挖掘这些具有教育家潜质，乐教爱生的校长、教师以及教育管理者、研究者的实践案例予以推介。注重实绩导向，更多访谈那些带着泥土味道、办学理念朴素、学生和家长赞誉的育人奉献者。注重鲜活生动，以丰富多彩的视角和个性化的笔触，将一线校长和教师的教改事迹、创新成果、从教经历等全方位地呈现出来。注重示范引领，将他们的好故事，借助“茶座”这一传播平台，同时用好新媒体渠道，为广大教育工作者推出侧重点不同、感染力强、影响力大的身边榜样，让好校长、好老师的好故事走进千家万户。

在深化教育家成长研究上提出好建议

作为服务教育家成长的图书，应推出更多针对性举措，提出更多务实性建议，让更多的校长、教师走向教育家之路。比如，对于教师专业发展的支持体系建设上，在广泛征集意见的基础上，分别围绕职前、职后培养提出对策。关于教师职前培养，在夯实大学生专业基本功的同时，应突出与时代要求相适应的综合素养，那么，这些综合素养具体包括哪些方面？又如何来实施培养任务？关于教师职后成长，在加强本学科培训的同时，应突出提升与教育家精神相匹配的各项能力，我们应如何来设计相对应的培训课程体系？如何搭建适合每位教师需求的成长路径？这些都是本书应当着重研究和体现的方向。通过提出更多助推大、中、小、幼各类教师专业发展的对策建议和制度机制，让我们整个教师队伍情怀更深、专业更优、格局更大、心态更好，“冒”出更多教育家型的校长和教师。

在形成教育家办学氛围上发出好声音

教育家办学是时代发展的需要，也是弘扬教育家精神的指向。如何真正实现教育家办学的良好氛围，需要多元施策、综合调适，前提是各个层面的理念认同。作为《教育家茶座》，我们应围绕实现这一目标提供更多方案、发现更多案例、发出更多声音。诸如，在推动人才强教方面，推出系列文章论述教师队伍建设的基础性地位以及调动教师从教积极性的重大价值。在推动依法自主办学方面，倡导全面落实学校的办学和用人自主权，激发办学活力、办出百花齐放的好教育。在引导尊师重教方面，不断推介各地为教育、为教师办实事、办好事的各项举措，刊发党委、政府有关领导以及企业家等社会各界对尊重教育、尊敬教师，推动实现教育家办学的观点和文章，涵养区域教育绿色生态。

站在建设教育强国、加快中国式教育现代化的时代当口，呼唤更多具有教育家精神的校长和教师。办好《教育家茶座》读物，恰逢其时、正逢其势。当教育家与茶座相遇，就有了绿茶的清香、红茶的温润、高山茶的清爽……这都将使这本书散发出香远益清的氤氲之气。作为承办方，学校党委将组织专门力量，在选题上认真斟酌，在征稿中精挑细选，在审稿时一丝不苟，着力办出一份立足齐鲁、服务全国的高质量、高品质的新时代教育家读物。

（关延平　聊城大学党委书记，教育发展研究院院长）

茶访

CHAFANG

以茶会友，遍访教育大家，

品教育人生，话教育百态。

教育家精神访谈录（节选）

全国广大教师认真贯彻党的教育方针，教书育人、培根铸魂，培养了一代又一代德智体美劳全面发展的社会主义建设者和接班人，造就了大批可堪大用、能担重任的栋梁之材，为国家发展、民族振兴作出了重要贡献。教师群体中涌现出一批教育家和优秀教师，他们具有心有大我、至诚报国的理想信念，言为士则、行为世范的道德情操，启智润心、因材施教的育人智慧，勤学笃行、求是创新的躬耕态度，乐教爱生、甘于奉献的仁爱之心，胸怀天下、以文化人的弘道追求，展现了中国特有的教育家精神。

摘自《习近平致全国优秀教师代表的信》

【编者按】 围绕弘扬教育家精神，教育部官网、《中国教育报》等相继刊发了一批教育“大先生”对如何认识教育家精神、怎样弘扬教育家精神的系列专访，我们精选了部分访谈内容以飨读者。

点亮精神明灯，照亮前进方向

习近平总书记提出的教育家精神，具有鲜明的中国特色和时代特征，内涵极其丰富且多维立体，实现了德、才、识、能的高度统一，既为新时代建设高素质专业化教师队伍树立起理想的高标，更给广大教师为党育人、为国育才以明亮的精神引领和强劲的精神力量。

——“人民教育家”国家荣誉称号获得者，上海市杨浦高级中学名誉校长　于漪

上好每一节课，就是践行教育家精神

上好每一节课，教好每一个学生，是践行教育家精神。课堂教学是立德树人的主渠道，因此，教师应该不断锤炼、磨炼自己的课堂，使教学真正能够培养学生的创新思维、创新能力、健全人格。

——中国教育学会名誉会长，北京师范大学资深教授　顾明远

确立精神坐标，激发奋斗力量

习近平总书记关于教育家精神的论述，既吸收了古今中外关于教育家精神主张的共通优秀特质，又概括了新时代教师队伍建设的宝贵经验，深刻回答了面向教育强国建设新征程，需要什么样的教师队伍来立教兴教、育人育才的时代之问，为广大教师确立了新的精神坐标和奋斗目标。

——“人民教育家”国家荣誉称号获得者，中国人民大学荣誉一级教授　高铭暄

教育家精神的时代内涵

总书记指出：“一个人遇到好老师是人生的幸运，一个学校拥有好老师是学校的光荣，一个民族源源不断涌现出一批又一批好老师则是民族的希望。”新时代正在呼唤新一代教育家型教师。我们相信，会有越来越多的教师以总书记关于教育家精神的论述为人生方向与行动指南，在教育实践中不断成长，书写教育生命的传奇！

——第十四届全国政协副主席，民进中央常务副主席　朱永新

用心血和生命点亮山里女孩的梦想

人民教师无上光荣，让我们珍惜这份荣光，秉承“本着一颗心来、不带半根草去”的教育初心，用爱心去浇灌，用智慧去启迪，用人格去熏陶，当好学生成长路上的引路人。

——“七一勋章”获得者，云南省丽江华坪女子高级中学党支部书记、校长　张桂梅

让教育教学闪耀教育家精神之光

教育教学的所有领域、所有环节都与教育家精神紧密关联，只有弘扬教育家精神，教育教学才会有意义的灿烂，成为有灵魂的育人过程。

教育家精神满溢在教育教学的整个过程中，不只是一个精神符号，更是精神引领下的具体实践，如此教师尤其是年轻教师弘扬教育家精神才有目标的引领，才能以内容为载体，以活动为方式，以情境为依托，担当起培养时代新人的使命。

——当代教育名家，江苏省原教育科学研究所所长　成尚荣

学做教育家型教师，勇担时代使命

弘扬教育家精神，引导教师把育人工作和自身成长融入党和国家的事业大局当中，不断提高全面落实立德树人根本任务的战略眼光和专业水平，进而为国家培养出自主、自强、自立的教育家型教师。

——“时代楷模”荣誉称号获得者，上海市黄浦区卢湾一中心小学校长　吴蓉瑾

弘扬教育家精神，让教育“遵道而行”

从内容来看，教育家精神聚焦的是教育工作者的使命、情怀、责任和担当。只有深刻领会这种精神的实质，才能在教育实践中入脑、入心、入行，完成身为师者胸有大志、心有大爱、行有担当的角色提升。

——“时代楷模”荣誉称号获得者，贵州省黔东南苗族侗族自治州台江县民族中学校长　陈立群

践行教育家精神，当好学生引路人

教师肩负为党育人、为国育才，培养德智体美劳全面发展的社会主义建设者和接班人的特殊使命。我们生逢其时，重任在肩，要牢记习近平总书记的嘱托，坚定“躬耕教坛、强国有我”的志向与抱负，当好学生引路人。

——“时代楷模”荣誉称号获得者，河南省南阳市镇平县高丘镇黑虎庙小学校长　张玉滚

成功突围需要教育家精神

我们的教育改革确实需要建立自上而下与自下而上相结合的新机制。对政府而言，改革最重要的启动机制，是允许改革，鼓励试点，在一些制度难以整体改变的情况下形成新的生长点。对于学校和教师而言，需要改变观望等待、企图自上而下一揽子整体解决的思维，要重视自下而上、力所能及的微改革，向教学改革要质量、要效益。很多学校已经取得实效的改革实践，说明校长、教师的主动性、创造性是教育改革中最活跃、最积极的动力；也说明我们并非别无选择，只能走拼时间、拼命的应试教育之路。因此，真正重要的是弘扬教育家精神，走向教育家办学。

——21世纪教育研究院名誉理事长，北京理工大学教授、博士生导师　杨东平

山泉水

SHANQUANSHUI

“香分花上露，水吸石中泉。”

关注教育热点，解读教育政策，评析教育现象。

生命教育的追寻，学校何为？

吕玉刚

教育具有促进个体发展和社会进步的重要功能，肩负着为党育人、为国育才和为民服务的崇高使命。个体生命的成长与发展是教育实践的基石，也是教育政策的原点。《国家中长期教育改革和发展规划纲要（2010—2020年）》把生命教育列入教育发展的战略主题。做好生命教育是全面贯彻党的教育方针、促进学生全面和谐发展的重要体现，也是建设和谐社会、提升人民教育获得感的迫切要求。

生命教育是塑造个体生命意识、培养生存能力和提升生命价值的教育。近年来，国内关于生命教育的研究和实践取得了长足进步，在理论研究、课程体系开发和教学实践层面进行了积极有效的探索。笔者基于多年来对学校生命教育实践的观察，结合个人的一些思考，以“生命教育的追寻”为主题，从以下四个方面探讨生命教育的内涵以及学校应为之处。

珍爱生命：明确生命教育的价值底线

生命是一切活动的基础，生命的自然性存在是最基本的生命尺度，是自然人的最高人格权益。中华优秀传统文化中蕴涵着丰富的生命伦理教育内容，首要的就是敬畏生命、爱惜生命。《孝经·开宗明义》有言：“身体发肤，受之父母，不敢毁伤，孝之始也。”保全身体、四肢健全、不让身体受到伤害，是儒家文化中子女对父母履行孝道的开始。天地生物，化育劬劳，宇宙中一切生命都来之不易，极其珍贵，生命是一切价值的起点。因此，我们对待生命要有一种恭敬、庄重、谦卑的态度，不能肆意伤害甚至轻易放弃生命。在儒家和道家看来，宇宙中一切生命体本质上都是同源一体的，如《庄子·齐物论》所说："天地与我并生，而万物与我为一。"人与自然是生命共同体。珍爱生命，意味着珍爱自己、珍爱他人乃至尊重自然中的多样化生命形态，走向人与自我、人与他人、人与自然的和谐，让世界万物充满生机和蓬勃的生命力量。

珍爱生命是每个人的义务，是生命教育的价值底线。对于学校生命教育而言，首要任务就是教会学生珍爱生命、保全生命。学校教育者要塑造学生珍爱生命的意识，引导学生充分意识到生命的珍贵与伟大，深刻认识到生命来之不易、生命的价值至高无上，每个人的生命不仅属于自己，还属于他人和家庭，属于国家和社会；学校还要提升学生珍爱生命的能力，教育学生积极支持一切有利于生命的事情，不能无端伤害生命。不管遇到什么困难和问题，我们都不能轻易伤害生命，更不能放弃生命。要让学生明白：生命是平等的，而且只有一次，一旦失去就无法挽回。

在学生可能遭遇的各种生命问题、危机上，首先要保证的就是生命安全，保全生命是生命成长与发展的基础。学校可以通过开展"珍爱生命"主题教育活动和多样化的生命体验活动唤起学生对生命的热爱和珍惜，增强对生命的责任感；学校要健全保障学生生命安全的防范和危机干预机制，有效防止不珍惜自己生命、不尊重他人生命、校园欺凌等行为，做好防溺水、防交通事故、防社会暴力事件等保全生命的教育举措。学校应与家庭、社会共同筑起协同一体保护学生生命安全的防护体系。

强健生命：为学生幸福人生奠定基础

强健生命就是对生命保持健康形态的理想追求。健康是个体生命品质的核心要义。2024 年，第 75 个世界卫生日的宣传主题是"我的健康，我的权利"，作为回应，我国将宣传主题定为"人人享健康，共同促健康"。按照世界卫生组织的定义，健康的内涵是多向度的，指"身体上的、精神上的完美状态，以及良好的适应力，而不仅仅是没有疾病和衰弱的状态”。就是说，一个人在生理健康、心理健康、社会适应良好和道德健康四个方面状态都良好，才是完全健康的人。从中国传统文化的角度来理解，这是生命的一种和谐之美：人的生命是多重性存在的样态，不仅是生理性的自然生命，还是“超自然的”社会生命、精神生命和文化生命，这彰显了个体生命的完整性和包容性，是生命健康的理想形态。

我国著名教育家陶行知先生指出：“我们深信健康是生活的起点，也是教育的出发点。”学生身心健康、和谐发展是学校生命教育的基本价值取向。学校教育要秉持对生命和谐之美的追寻，给儿童和青少年提供“完整的教育”，引领他们身体与心灵的诸种生命要素参与到教育活动之中，成为全面发展的“完整的人”。学校的生命健康教育理念应该是知行合一的，内容是丰富多样的，途径是课内外相通且立体化的。

学校要为学生幸福人生奠定健康的基础，如讲授疾病预防知识，培养良好的卫生习惯，科学安排电子产品的使用时间，开展丰富多彩的体育锻炼活动等，让学生保持健康强壮的体魄。学校应通过丰富的健康教育活动，使学生认识到生命的脆弱和健康的重要性，自觉呵护自己和他人的生命。学校教育不仅要强健学生的体魄，还要关注学生的心理健康、精神健康以及他们处理问题的方式，教会学生在心理层面自助和助他，即学会助己、乐于助人。面对充满挑战与不确定性的未来生活，学生要具有关注心理健康的意识，掌握心理保健的技能与策略，学会在心理活动的各个方面保持正常和良好状态。

在教育途径上，学校要构筑专门教育与渗透教育相结合的心理健康教育网络。一方面，要做好开设心理健康教育课程、开展心理辅导活动、开设心理咨询室等专门性校本教育资源开发与建设；另一方面，要在校园文化建设、学科教学、班会主题活动中渗透心理健康教育内容，为学生心灵的成长保驾护航，促使一个个生命灵动、和谐、全面地发展，避免鲜活的生命体被异化为学习和考试的机器。

尊重生命：关注具体、真实的生命体

“世界上没有两片完全相同的树叶”，也没有两个完全相同的生命。每个生命个体都是由不同的遗传基因、迥异的社会经验、多样的成长环境塑造而成的，在认知、人格和社会性上存在丰富的差异性。德国哲学家席勒在《论人的审美教育书简》中说：“更好的人性，就是既要有和谐一致的一体性，又要保证个体的自由和它的多样性。”从生命审美的视角看，和而不同构成了生命的独特之美与个性之美，它源于个体生命存在的差异性与多样性。每一个生命都是独特的、唯一的和不可取代的，每一个生命的理想成长路径就是不断发现和探索自我并最终成为最好的自己，无数独特的个体共同构筑起我们绚丽多彩、鲜活灵动的生活世界。

生命教育关注的不是虚幻和抽象的生命概念，而是具体、真实的生命体，每一个真实的生命都是独特的和个性的，生命成长和发展所需要的个性化教育是生命教育的重要支点。尊重学生的差异是教育好每一个学生的前提。教育者要有人本主义的生命观，尊重、理解和接受生命的差异性，并引领儿童和青少年理解生命的独特之美。一方面，学校教育要唤醒学生个体的“生命自觉”，让每个学生学会欣赏自己、悦纳自己，愿意去彰显、表达自我生命的独特性，包括意志品质和兴趣特长等；另一方面，学校和教师要在校园、班级中营造包容与理解的人文氛围，使学生感受到自我生命的独特性被呵护、被尊重。

在教学实践中，从教学生态系统角度看，教师需要精准分析学情，关注学生成长的个体诉求，着力满足不同学生的学习需要，切实做到有教无类、因材施教。教师要真正认识到学生的差异性也是一种教育资源，每个学生的成长背景、思维角度和深度不一样，这能为教师带来丰富多样、不断生成的课堂教学资源，教师深入了解并有效利用学生的差异，就可以构建“异异生辉”的课堂。

学校生命教育既要激发和张扬生命的独特之美，也要认识到生命的个性与社会性的相辅相成、对立统一。生命教育不仅要理解和尊重每一个学生独特的生命成长与发展方式，满足学生自我成长与发展的内在需求，也要教育和引导学生认识到生命的“社会性”，即每一个个体都是社会性和关系性的存在，个体无法脱离社会而存在。因此，要教育学生尊重和继承中华民族的优秀文化传统、价值准则和社会风俗习惯，在纷繁复杂的形势面前坚持独立思考、勇于创新，让有意义的个体生命汇聚于国家和社会发展的时代洪流之中，只有这样才能实现对自我生命独特价值的最大尊重。

成就生命：让学生“成为最好的自己”

人的生命的成长是不断自我扬弃、自我确证、自我超越的历程。在人本主义心理学看来，人的“自我实现”需求是生命的根本动力，也是健康和成熟人格的标志。自我实现是个体身心潜能得到最大程度发挥的境界，是不断超越“现实之我”、成为“理想之我”的过程。生命是有限的，在时间和空间上都有其限度。然而，生命的有限性却激发着人利用自身的能动性和创造性超越其自然属性和有限性，不懈地追求生命意义和价值的最大化。正如美国哲学家尼布尔所言，生命的超越性表现在“对自我的改善和对生命有限性的突破”。以中国道家思想来看，超越生命的有限性主旨不在于去追逐对外部有形世界的认知和掌控，因为“世路无穷，劳生有限”，而在于以“顺道”的方式在不断的学习和创造中实现人的内心自由和精神丰盈。

生命教育要以“让每个学生成为最好的自己”为最终目标。只有在不断发挥潜能、成就自我的过程中，学生才能超越有限的、生理性的存在方式，获得无限的、有意义的生命体验。作为学校教育者，我们要追问：每个生命都有独特的天赋和才能，学校是否帮助学生真正发挥了、拓展了这些潜能？学校要激发每个学生成就自我的欲望，探寻自我完成的可能方向，引领学生追求“卓越之我”。为此，学校要提升学生的精神境界，引导学生认识生命的意义、发现生命的意义、实现生命的意义，让每一个学生在追寻生命意义的主动实践中探寻卓越自我，激活生命的超越之美；还要引导学生认识到，“自我超越”要有深厚的家国情怀和强烈的责任担当，要成为格局高远、视野广博、堪当重任的时代新人，像周恩来总理当年那样树立“为中华之崛起而读书”的远大志向，把个人理想与国家发展、民族命运联系起来，将“小我”融入祖国和人民的“大我”中，这才是自我成就的正确方式。

在教育实践中，学校要为学生挖掘潜能、自我探索、拓展提升提供丰富的学习资源和实践平台，构建丰富完善的课程体系，为学生提供多样化的选择。学校要认识到学生成长的各种可能，多用激励性、增值性评价，高度重视在教育教学和拓展学习的实践中发现每名学生的潜质，通过重基础的拓展培养、重适切的差异培养、重衔接的贯通培养等途径促使每一个学生卓越成长，着力培养拔尖创新人才和能够担当民族复兴大任的时代新人。

生命教育是一项系统工程，学校要发挥育人主阵地作用，政府、学校、家庭、社会要协同建立良好教育生态，构建“人人爱惜生命，人人尊重生命，人人欣赏生命，人人成就生命”的生命友好型校园、家庭和社会，促进每一个生命健康、灵动、全面而又独特地成长，让每个学生能最终成为最好的自己，共同构筑美好的社会和国家。

（吕玉刚　中国教育学会常务副会长，中华人民共和国教育部基础教育司原司长）

指向五育并举的中小学过程性评价：内涵、问题与建议

刘坚

指向五育并举的过程性评价是新时代教育改革与发展的重大命题。党的二十大报告指出："全面贯彻党的教育方针，落实立德树人根本任务，培养德智体美劳全面发展的社会主义建设者和接班人。"2020 年 10 月，中共中央、国务院印发《深化新时代教育评价改革总体方案》（简称《总体方案》）提出：改革学生评价，促进德智体美劳全面发展，创新德智体美劳过程性评价办法。本研究指向五育并举的中小学过程性评价，既是新时代教育评价改革的重大课题，更是贯彻落实党的教育方针的重要体现。

一、指向五育并举过程性评价的基本内涵

五育并举育人体系建设是一个复杂的系统工程，其评价涉及教育发展的背景、投入、过程、成效等方方面面。实施德智体美劳五育并举过程性评价应遵循生态思想和系统思维，综合考查学生学习与成长的政策环境、资源投入、实施过程以及在这样的特定环境条件下可能取得的成效。20 世纪 60 年代提出的 CIPP 评价模式，可为理解育人体系建设以及开展过程性评价提供理论参考。CIPP 评价模式，亦称决策导向或改良导向评价模式，它认为评价就是为管理者做决策提供信息服务的过程，评价者通过为决策者、政策制定者、教师和其他需要评价信息的人服务，从而更好地为教育服务。该模式从背景（Context）、投入（Input）、过程（Process）、成效/结果（Product）四个方面加以评

价，从教育决策者的视角出发关注学生发展全过程，并将评价的目的从证明教育发展成效转变为促进教育改进提升，让评价伴随学生成长发展，为教师改进教育教学提供实证依据。

二、指向五育并举过程性评价的问题剖析

（一）过程性评价整体生态失衡，评价对象过度聚焦于学生，政府评价、学校评价相对缺位

目前，人们对于过程性评价的理解容易窄化为以学生为主要对象的过程性评价，从而导致整个过程性评价生态体系失衡。这种观点和现象首先体现在指向学生的各种测评过于频繁密集，无论课前摸底、课后测试、知识点检测、单元过关，堂堂清、日日清、周考、月考、段考，还是事事评估、样样评估、时时评估，以及自评、同学评、家长评、老师评等，都以“强化过程性评价”的改革姿态强力介入学生的日常生活，给学生成长和发展带来巨大的压力与困扰。其次，这类评价往往过度关注细节、过早进行价值判断，缺乏对学生成长性和发展性的整体把握。例如，学生的哪些必备品格和关键能力应该予以关注？学校的五育实践与学生核心素养发展到底存在怎样的内在联系？如何处理好青少年成长发展阶段性、多样性与个体差异性的关系？在什么样的特定时间与空间可以有效采集德智体美劳五育发展信息？最后，失衡的过程性评价与现代技术的结合可能导致对学生的关注变得无处不在，学生任何一点细微的变化或成长过程中自然出现的某个“失误”都会第一时间传递到相关当事人，还可能会引起教师、同学、家长、学校的联动甚至过激反应，不断压缩着学生个体自主发展、健康成长的空间。

随着 2018 年全国教育大会召开，特别是《总体方案》发布以来，一系列针对地方各级党委、政府和学校的政策文件和评价举措相继出台。但是，调研表明，一些地方党委、政府未能建立起评价学校、区域、社会为促进学生五育发展提供所需环境基础和条件保障的制度化框架，对五育并

举工作应有的硬件建设、人力配置、经费保障、社会资源供给等缺少可持续保障机制，对中小学育人实践的科学引导和有效监管缺位；学校层面不能按照国家颁布的中小学课程方案、课程标准实施各类课程与活动的现象仍有发生，学校贯彻落实五育并举、五育融合的措施与成效的专业化、科学化水平亟待提高。试问，如果一个地区主要领导只看“一本率”甚至“北清率”，我们怎么能期待中小学校全面贯彻落实党的教育方针？如果一所学校音体美劳师资力量配备严重不足、课程资源匮乏、课时随意减停，我们有什么资格去考核评价学生品德、学业、体质、审美、劳动与社会实践等诸方面的发展状况？

（二）过程性评价价值取向功利化，过于关注评价的甄别鉴定功能，在诊断基础上的反馈改进不足

即便是针对学生的过程性评价，随着工作不断推进，过程性评价也呈现出比较严重的功利化取向。比如，与传统学业水平考试相关的科目评价指标越来越细，但是体育、艺术、劳动教育的过程性评价进展比较缓慢；部分区域、学校在实施过程性评价时，沿用结果性评价的价值取向，认为评价的目的是评等分级、鉴定管理，强调选拔、控制和奖惩，缺少对学校诊断提升、教师反思改进、学生自我内化的过程性教育，这样的评价使得学校、学生作为被评价的对象，其发展被外在评价标准所“绑架”，容易失去发展的自觉性和主动性。过程性评价看似有着精细化的评价指标体系，但是需要注意防止纠结于细枝末节而未能把握教育教学的核心问题；而功利化“过关应考式”的过程性评价，既难以传递正确的价值导向，也无法对学校教育教学工作的实施起到及时反馈和正向激励作用。

（三）过程性评价体系亟待建设，评价内容、工具、结果使用等方面的专业化、科学化相对滞后

指向五育并举的过程性评价体系尚未有效建立，评价内容、工具、程序、结果使用等方面的专业化和科学化水平亟待提高。一是评价内容存在结构性缺失，难以充分发挥育人效能。五育并举过程性评价的内容在体现多样性、契合课程改革趋势、关注学生素养发展等方面还有较大距离。具

体表现如各育的评价指标体系结构过于偏重外显的评价指标，以学生的认知、行为代替学生素养的整体发展；片面强调运用统一的评价标准，评价标准与不同年龄学生的发展程度、发展特点匹配不充分，难以全面兼顾学生在成长环境、文化背景、个性特征、认知能力等方面的差异。二是评价工具及应用场景不丰富，难以满足过程性评价诉求。在过程性评价工具的设计与开发中，缺乏可参考的国家或行业标准、评价量规以及配套的实施工具手册，评价的主观性较强、信效度难以保障。总体上，可能会将过程性评价局限于学生在考试学科课程和活动中的表现，评价方式仍以纸笔测试作业和课堂表现的教师打分为准，对表现性评价任务的开发与使用、学生发展真实情况的有效记录和成长刻画等重视程度不足。三是评价结果应用未形成闭环，难以实现以评促学、以评促教的科学反拨机制。一些地区尝试将五育并举的过程性评价纳入督导，但过于关注经费、场地、设备、师资等外在因素，而忽视学生的情感体验和满意度等内在因素；一些学校在评价结果运用方面也容易走向简单化的误区，忽视评价结果反馈对于构建完整评价闭环的作用。

三、指向五育并举过程性评价的行动建议

针对上述问题，我们从地方各级党委、政府和学校两个层面提出以下行动建议，旨在以过程性评价切实推动育人方式改革、办学模式改革、管理体制改革、保障机制改革，进而促进学生德智体美劳全面发展。

（一）提高目标站位，以评价目标引领育人全过程

地方各级党委、政府要提高站位，把“坚持立德树人、落实五育并举”作为评价区域、学校教育质量的根本标准，承担起政策支持、条件保障、督导实施的责任。做好指向五育并举过程性评价的顶层设计，依法将中央政策、国家课程标准等相关要求转化为推进本地区过程性评价的制度框架并逐一落实到位；把五育并举的实施情况纳入教育督导和质量监测体系，制订督导评估具体实施办法，定期督导检查地方各级党委、政府和有

关部门是否为育人目标的实现提供保障。以德育过程性评价为例，发展性是基础教育阶段德育评价的基本属性，从本质上讲任何与德育有关的评价都属于发展性过程评价；德育过程性评价必须关注德育工作全过程，关注德育过程中人的成长与变化，及时寻找产生变化的原因；通过正确价值观的引领，让评价成为地方党委、政府完善德育决策、优化德育过程、激励道德成长的有力推手；必须“注重提高学生自我评价、自我反思的能力”“严格遵守评价的伦理规范，尊重学生人格，保护学生自尊心”，以实现立德树人根本任务。

各中小学校要突出育人目标的价值引领，坚决摈弃“重智育，轻德育、体育、美育和劳动教育”的错误观念，淡化评价的功利性和工具性。制订学校的育人目标和课程实施计划，突出不同学段学生教育目标的阶段性；在设计过程性评价方案时，全面体现、充分落实立德树人目标，以过程性评价牵引学校课程教学改革，以教师发展性评价鼓励教师积极尝试，以丰富的课程和活动激发学生反思与领悟，帮助学生成为主动积极的学习者。如学校在体育过程性评价方案的顶层设计中要全面落实体育目标，落实全校每个相关部门、教职工的体育责任，在学校每一项教育教学活动中做好体育评价目标的拆解和整合，用评价目标引领评价内容、评价对象、评价方式和评价成果产出；以体育过程性评价推动体育教学改革，激发学生在体育课程和活动中的反思与领悟，促进学生成为体育的积极参与者和终身运动者。如果一所学校的主要文化课都在任意争抢课时、超纲教学、加班加点、频繁考试，学生怎还会有强健体魄和健全心态？

（二）明确主体责任，构建多元协同参与的评价体系

各级地方党委、政府及教育行政部门要制订指向五育并举的过程性评价实施规划，建立年度工作台账制度，定期销账；将规划实施推进情况纳入政府履行教育职责评价的重要内容，接受人大、政协监督；全面梳理相关政策规定，列出负面清单，做到立行立改、令行禁止；构建政府、学校、社会等多元参与的评价体系，鼓励各校积极探索实施过程性评价规划的有效机制，推动“一校一案”让五育并举扎实落地。教育督导部门要完

善教育监测评估机制，开展教育规划实施情况年度监测、中期评估和总结评估，及时发现问题，提出改进策略。以美育为例，地方政府及各地教育行政部门要制订明确的基础教育美育工作中长期发展规划和年度计划；有加强和改进美育工作的资金投入、场地配套、师资队伍、舆论环境、奖励措施等配套政策；建立区域内剧场、图书馆、美术馆、展览馆、社区少儿活动中心、乡村文化馆、艺术家工作室对中小学生免费开放的保障措施；指导中小学校园建设、美育课程体系建设、美育活动实施方案等；规范校内外美育实践基地及美育设备设施等符合新时代美育工作要求和国家规定的相关标准；规范学校文化建设能够融入高雅、健康的美育元素，彰显优秀文化传承；能够保障乡镇学校开展美育课程及活动的设施设备、教学资料、活动材料及工具，美育教师教学与评价能力提升计划与实施方案得到有效落实。以上各方面需要形成政府督导、人大问责、社会公示的监督保障机制。

各中小学校作为连接地方政府、家庭、社区间的重要桥梁，要做好过程性评价责任的分担和评价任务分解工作；定期向上级教育行政部门、教师代表大会、家长委员会报告本校教育规划、进展及核销负面清单情况，主动接受上级教育行政部门的指导、问询和家长监督；调动教师、家庭、社区和社会组织参与过程性评价的积极性，引进高校等专业力量为各主体履行过程性评价职责提供指导，支持家校社协同开展过程性评价。如对于德育过程性评价来说，要打破单纯依靠教师评价的主体性缺陷，建构教师、家长、同伴和学生本人参与协商的多元评价体系。学校要统整学校—家庭—社会“三位一体”的德育场景，探索学生、家长、教师以及社区等多主体参与评价的有效方式，客观记录学生品行日常表现和突出表现，做好反映学校育德水平的过程性评价。

（三）丰富评价内涵，系统设计五育并举过程性评价内容

各级地方党委、政府及教育行政部门要制订明确的基础教育工作中长期发展规划和年度计划，构建系统科学、全面合理的学校评价指标体系；教育督导部门要把政策措施落实情况、学生发展状况、综合素质测评情况

和支持学校开展育人工作情况等纳入教育督导评估范围；教研部门要根据义务教育课程方案及课程标准，丰富过程性评价内容，形成课程、教学、评价相一致的过程性评价指导意见，指导学校因地制宜、根据不同场景科学合理开展过程性评价。以劳动教育为例，地方政府及教育行政部门要着重营造热爱劳动的环境氛围、确定各级劳动教育培养目标、形成劳动教育保障体系；要将督导机制统筹融入过程性评价体系，加强学校、教师、家庭、社区、社会开展劳动教育过程性评价的监督，保障评价内容与国家课程标准要求相契合。同时，根据《义务教育劳动课程标准（2022年版）》，积极运用现代教育评价理论，结合当地实际情况，建立学生劳动素养评价指标体系；建立健全各学段学生劳动素养监测机制，建立涵盖日常生活劳动、生产劳动和服务性劳动的考查机制。

各中小学校要立足课程标准，坚持素养导向，全面关注学生的课程学习、校内外活动参与、行为习惯养成、标准达成及素养养成等过程性评价关键要素，构建教学评一体化的校本过程性评价指标体系。针对学校的教育教学工作建立内控自评机制，包含对育人目标规划、软硬件资源建设、教师队伍建设、课程活动组织实施、成效和满意度等方面的评价；优化学生综合素质评价内容，形成将学生五育发展情况纳入综合素质评价的有效机制。如各学校在课程设置上，要有落实国家美育政策和艺术课程标准的课程体系；学校有美育课程审议委员会，确保课程内容与学校办学宗旨、特点及教育条件相协调，与不同学段美育阶段性特点相适切，与新时代国家美育目标相一致；在学校各项课程活动中体现心灵美、礼乐美、语言美等美育元素；在教师队伍建设上，要通过各种培训、实践等教研活动，引导全体教师能够根据具体学习内容设计审美活动，指导学生发现美、欣赏美，涵养人格、陶冶情操；要求艺术教师能够通过设计丰富多样的学习方式，充分开发学校及本地特色资源，设计美育实践作业，加深学生对审美的认知理解与实践体验；在美育过程性评价指标上，既要反映学生在艺术课程中的学业水平，更要反映学生在艺术课程上的积极态度、沟通能力、进步幅度，既要收集学生艺术活动中的阶段性作品、成果，更要收集学生在艺术活动中表现出来的专注、个性和一丝不苟的作风。此外，既要全面反映学生在艺术活动中的点滴进步与成果，更要发现学生在学校各门课程、活动或家庭和社会生活中发现美、欣赏美、表现美、创造美的点滴瞬间表现。

（四）创新评价工具，增强不同评价对象的育人自觉

各级地方党委、政府及教育行政部门要充分意识到过程性评价是情境、任务、活动、工具、量规等多要素整合的结果，要创新五育并举的过程性评价方法，将量化评价与质性评价有机结合；将学校的育人成效纳入义务教育质量评价监测体系，对不同学段学生的素养发展状况开展追踪式监测，并形成对学校层面教育工作和学生素养发展的特征概括。结合不同学校软硬件条件，组织专业队伍研发并提供任务列表、评价量规、书面评语、档案袋等评价工具与配套使用方法；充分运用人工智能、大数据等现代信息技术，收集学生发展证据。教研部门要加强过程性评价研究，为教师运用测评工具开展过程性评价提供系统培训和专业指导。以德育为例，要积极探索德育过程性评价方法，有针对性地对县域内政府、社会、家庭和学校的德育工作和学生品德发展进行评价；地方教育部门应根据不同年龄的学生品德发展水平，围绕“知情意行”各个维度，进行通用描述性量规的开发和运用，提升教师全员德育过程性评价的专业性；鼓励专业机构结合不同学校软硬件条件，研发并提供过程性评价工具与配套使用方法，运用人工智能、大数据等现代信息技术，客观采集学生在各种真实场景中的表现证据。

各中小学校要贯通校内外、课内外等评价场景，以表现性评价作为抓手，对学生日常行为和素养发展的关键事件进行记录；积极利用人工智能、大数据等现代信息技术，建构基于实证、关注增值的学生素养发展报告单；创新评价工具，除了采用传统的纸笔考试、教师述评等，还可以利用成长记录册、实践纪实作品、日常观察、个别访谈等多种方式对学生进行多维度、多侧面的评价。尤其是在智育过程性评价中，将定量评价与定性评价相结合，采用分项等级评价与写实记录客观描述学生各方面的水平

与发展；将正式评价与非正式评价相结合，重视发挥非正式评价对教师和学生的激励作用。

（五）优化结果运用，重视发挥评价的诊断改进功能

各级地方党委、政府及教育行政部门要遵循“低利害、重激励、增内驱”的原则，克服“唯分数、唯升学”的功利化倾向，完善过程性评价结果运用制度，建立常态化的区域学校教育风险预警机制，综合发挥评价的导向、鉴定、诊断、调控和改进作用，形成“评价—分析—反馈—应用—发展”的过程性评价工作闭环。督导部门要将区域五育并举的情况纳入县域义务教育优质均衡发展督导评估指标体系，在对各级政府教育履职评价中，着重关注过程性数据是否发挥了风险预警作用，对未达到要求的地区适当加以惩戒。教育行政部门要重点发掘运用过程性评价结果实现以评促教的典型案例，发挥示范引领作用；对评价结果运用成效进行中长期追踪研究，追溯筛选对学生全面可持续发展具有重要影响的过程性评价要素，以结果倒推过程优化，不断完善区域过程性评价体系。以美育为例，要把美育工作纳入义务教育质量评价监测体系和县域义务教育优质均衡发展督导评估指标体系，建立中小学美育发展年度报告制度。要在科学评价的基础上对评价结果进行合理解读，通过美育评价结果的运用，促进美育工作进一步落实。对于评价结果的解读，既要对评价过程中所搜集的数据进行科学的归纳、分析，也要关注无法用数据呈现的学生表现情况，形成“实践—评价—反馈—实践”的良性循环，提高美育教学质量，提升学生的审美趣味和人文素养，促进学生的人格养成。

各中小学校应遵循教育规律和少年儿童成长与发展规律，做好过程性评价结果的搜集、分析和应用；健全家校沟通机制，科学、专业、有效运用过程证据；紧扣育人目标，建立基于评价数据的证据体系，发挥以评促学、以评促教的功能，探索建立涵盖五育的学生成长数据档案；淡化评价数据衍生的鉴定、比较和筛选功能，充分发挥评价的激励、引导和促进功能。如在劳动教育过程性评价方面，学校可通过建立劳动清单、劳动教育评价手册等制度，明确劳动课的具体内容和要求，设计劳动教育相关任

务、活动或课程来收集学生过程性表现证据；优化劳动教育过程纪实评价，规范公示、审核制度。再以体育为例，加强学校体育工作信息的公开与宣传，及时公开学校各类体育与健康课程开展情况、学生体育活动或赛事结果、各类体育与健康督导报告等，形成家校协同育人合力；鼓励社会机构和社区积极参与各类体育过程性评价活动；完善中小学生体质健康报告书制度，及时公示学生体质健康总体状况；强化体育教育评价的伦理规范，严格注重各类评价对象隐私的保护，保障各级各类评价对象的基本合法权益。教师要深入挖掘过程性评价在“评价所学习，评价促学习，评价即学习”等方面起到的作用；全面关注学生的身心健康和体育素养的发展变化，在尊重学生体质健康发展差异的基础上，突出对学生参与体育过程的个性化诊断、激励和指导。

（刘坚　中国基础教育质量监测协同创新中心首席专家，北京师范大学教授、博士生导师）

为未来留下了什么焦点思考？过去二十年的学校变革，

张华

从2001年开始的第八次课程改革到现在已经进行23年，未来十年的课程教学该往何处去呢？

我们中国的教育人，无论你今天做什么，无论发明和使用怎样的工具，一定不要模糊一个方向，就是五四运动所开辟的教育方向。

胡适、陶行知、杜威等人，他们都努力朝着这个方向去走，但是非常艰难。我参加国家基础教育课程改革24年，也知道这个过程非常艰难，但从来没有放弃希望，还在努力做，能做多少做多少。我想，中国真正实现教育民主，也就是让老师在课堂上享有专业尊严，让学生在学校里享受个性自由，恐怕还需要很多年时间。但是老师们，别着急，没关系，我们的下一代一定会比我们好。

一、当前的问题与时代的新机遇

当前教育的迫切问题，我觉得至少有这样几个：教育实践中，应试教育依然势能强大；课程、教学与教育理论相对落后；教育实践普遍保守。

当前最大的问题，可能就是应试教育。我们一边努力进行着课程改革，一边应试教育又如一块顽石横在面前。

再一个就是课程教学乃至整个教育理论的落后，我们至今尚未彻底摆脱20世纪50年代，从苏联进口的凯洛夫教育学体系，这是一个很大、很严重的问题。

还有就是教育实践保守，很多理念层出不穷，但我们有些老师在课堂上依然是以机械训练、灌输刷题的方式来教学生。

这些问题我们必须正视，但未来还是充满希望的。

（一）我国正快速迈入“概念时代”，为学校变革提供新机遇

我们先来界定一下什么叫“未来”。我借鉴国际上一些研究未来和趋势的专家的观点，来跟大家谈谈我对“未来”的理解。

有一位未来学家叫丹尼尔·平克，他把人类发展分为四个阶段，前三个是农业时代、工业时代和信息时代，第四个时代是进入 21 世纪以后，叫概念时代，我觉得这确实体现了我们这个时代的本质特点——就是建立在概念的基础之上，能够提出新概念，并把概念物化。

中国是在改革开放以后，才开始快速走向工业化的，所以我们在短短几十年时间里，把工业时代、信息时代和概念时代合并经历了，这就是我们今天所处的时代。

因此老师们，我们一方面要去汲取孔子、老子，一直到朱熹、王阳明他们所创造的一系列宝贵的智慧传统，因为教育这件事情的特点，不是越新就越好，其实旧的未必坏。但另一方面，我们必须赶快带领孩子们走向概念时代，或者说智能时代。

这个时代的最根本特点，平克说有两个，第一个是它所培养的“未来人格”是创造者（creators）+移情者（empathizers）；第二个是与之相匹配的“未来教育”的特点是“高概念”（high concept）+“高接触”（high touch），高概念是指提出新观点的能力，高接触是指在心灵上打动人的能力。

这就是为什么我们今天的课程改革要强调大单元、大观念、大任务、大情境的理由，因为我们正处于一个高概念的时期。

（二）教育强国与教育高质量发展成为当前政策的主旋律，为学校发展指明方向

大家怎么理解教育高质量发展呢？我不认为高考成绩好就是高质量。我认为“教育高质量发展”的本质是教育创造力发展。“教育强国”的本质是让教育创造力成为社会创造力的“引擎”，让整个社会建立在每一个

人的创造个性之上。现代社会的最显著特征是“全体为个人”，无论多么强调人民，强调公平，都不能忽视个体，忽视了个体的人民是没有意义的。在今天这个时代，教育现代化的本质是让每一个学生的人格尊严与自由成为教育的内在价值。

“教育强国”，以教育目标观之，其内涵应聚焦三个方面：让每一个学生身体强壮、创造力强盛、责任心强大。因此我们需要课程教学的根本转变，转变的方向就是——素养导向，培育未来新人；实践育人，全面走向做中学、用中学、创中学、合作中学；综合育人，在学科与生活的双向融合中发展学生核心素养。

深化基础教育课程教学改革，我觉得有这样一些具体目标：采取果断措施，让小学毕业生的近视率降到10%以下，初中毕业生的近视率降到20%以下，高中毕业生的近视率降到30%以下；中小学生自杀率“清零”，首先保住生命，进而让每一个学生身体强壮、人格强健；彻底改变教学、评价和管理方式，让创造成为学生的学习方式和生活方式，成为人生态度和行为习惯，让每一个学生的想象力和创造力强盛、人性和个性繁盛；以遵纪守法的合格公民为教育目标，着力培养学生的“社会性道德”，让学生在制度化的社区服务和社会实践中发展强大的责任心和道德感。

我真诚地期待我们国家尽快把学生的近视率降下来，自杀率“清零”。难道学习一定要以近视为代价吗？为什么美国高中毕业生的近视率只有10%左右，他们不是照样拥有创造力吗？所以我们也得赶快改变。

应试教育怎么改变？我个人建议取消中考，尽量不统考，不要用学业成绩去评价老师，把孩子的身体解放出来，让孩子去“折腾”，把创作当学习方式，同时把社会服务和社区服务这样的行动制度化，把孩子的责任心培养起来，在学校里边不要提大口号，因为那样毫无意义。

二、教育改革的突破口和重点

当前深化基础教育改革的基本策略是：坚定方向，小步快走；循序渐进，釜底抽薪。必须坚定五四运动和改革开放以来我国教育改革的方向，不能退回以“科举文化”为标志的“五四”之前和以计划经济为特点的改革开放之前，应逐步让教育启蒙和教育民主落实到制度上，特别是落实到外部评价制度上，又因应试教育制度是一个综合性、全局性且有深厚文化和社会基础的问题，宜采取小步快走的策略逐步改变。

拥有宽广国际视野，聚焦中国核心问题，通过自上而下的制度改变和自下而上的实验研究，对应试教育及相应课堂实践体系釜底抽薪，循序渐进进行改变。

我谈谈教育改革的三个突破口。

（一）制度突破口

我认为应以实验和“试点”的方式，先实现“普职融通”，让高中阶段教育走向综合化（即让职业高中转化为综合高中，大力增加普通高中的“职业因素”），改变层层“掐尖”式的高中招生方式，这是提高义务教育质量的根本保障。

总结46年以来的“高考”经验教训，应让“高考”稳步走向专业化和分权化，归还大学招生自主权，合理调整考试次数和内容数量，以防造成“反教育的过重学业负担”和学生“貌似优秀的平庸化”。

（二）实践突破口

我们必须围绕核心素养的理念和目标，构建新的基础教育课程形态、教学形态、学习形态、评价形态和管理方式。

（三）理论突破口

必须围绕核心素养和时代的新要求，构建“素养本位课程与教学理论”，以理念渗透和特设课程两种方式，纳入职前和职后教师教育体系，逐步构建以教育民主和知识创造为本体的教育理论新体系，进而与我国悠久的智慧传统有机融合。

三、深化课程与教学改革的具体建议

我国已全面进入“素养本位课程改革”时期。我国本轮课程改革，事实上是新一轮课程改革，但是目前已经不再按照这个次数去划分了。我们过去把2001年开始的课程改革称为“第八次基础教育课程改革”，但后来，特别是最近十年以来，教育部形成了一个不成文的规定，中小学课程体系，五年一小改，十年一大改，因此就无法用次数来论了。

其实从2014年启动，到2017年教育部颁布《普通高中课程方案》与20个学科的课程标准，2022年教育部颁布《义务教育课程方案》与16个领域的课程标准，事实上就开启了轰轰烈烈的新一轮课程改革。但由于疫情阻隔等种种原因，这一次整体的理论研究尚不够到位，所以老师们很困惑。尽管很困惑，我们也不要去拒绝，因为本次课程改革它所体现的就是我们未来的方向。我在这里提几点建议。

（一）基于设计思维，对“素养本位课程教学新体系”进行系统建模

目前的《基础教育课程教学改革深化行动方案》尚缺乏对课程教学新形态和新方式、教师和学生新角色的清晰描述和相应支持措施，落地时仍有各种困难。当前迫切需要理论界、实践界和决策层携起手来构建“素养课程”“素养课堂”“素养教学”“素养学习”“素养评价”“素养管理”的学校层面和区域层面的理想模型。

建模的具体内容有这样一些：以概念性理解、新知识和新能力建构课程目标；让教学过程以“探究任务”为主体，让学生在课堂上完成探究任务，而不是在课下或回家“做项目作业”；从核心素养引出素养本位学习方式；以“真实表现性任务”为主体构建素养评价；让教师成为课程创生者，在课堂上由系统讲授者转变为“流动的教练”和专家，学生由静听者转变为工作者和“对话人”。

举个例子，疫情后，我和我的助手在实验学校做工作坊，基本的方式就是先带领老师用大单元、大观念的方式把课备出来，然后在课堂上试，而后再上公开课。2023年的10月25—27日，我们在山东山大基础教育集团做了一个工作坊，针对小学五年级上的科学课，单元主题为“物质、能量与生活”。我们首先根据2022版科学课程标准提取大观念，然后形成新

的目标体系，有了目标之后就立刻设计探究任务，有总任务、子任务，孩子们就围绕着任务去把知识技能用起来，整个过程就变成一种探究的过程。

（二）基于核心素养理念系统改变教学研究制度

我们的10万教研员迫切需要从“教学控制者”转变为课程领导者。教科书不是课程，课程标准也不是课程，“课程”是教师以课程标准为依据，以教科书为资源，基于学生发展需要和教师专业特长持续开发的“课程单元”。拿一本教科书进课堂上课的时代该结束了。目前需要建立一整套与“素养本位课程教学新体系”相适应的教师评价系统，并由此形成评“骨干教师”“优秀教师”“特级教师”的新标准。广大教研员必须率先垂范，实现转型。

（三）以“教师核心素养”为理念和目标建构职前职后一体化教师教育体系

教师需要以课程创生能力、学生研究能力、学科研究能力为主体发展“教师核心素养”。教师在职培训需要改变“听报告、记笔记”的传统方式，以与教师课堂实践无缝衔接、问题导向的“工作坊”为基本培训方式，并形成新课程教师培训“工作坊”制度。教师职前教育要走出“技能化”倾向，走出教育理论和学科知识“两张皮”现象，通过教育学院与文理学院融合的方式，将职前教师的教育理论和实践素养、学生研究能力与学科研究能力化为一体，培养21世纪“专家型教师”。

最后我想说，让学生创造着长大，让教师创造着工作，让学校成为创造的乐园，这就是21世纪中国学校变革的愿景。

（张华　杭州师范大学教授、博士生导师，教育科学研究院院长）

CHADAO

茶道

以茶为媒，品茗论道，体味教育理论与
实践，凝练课程改革研究成果。

何以用学科课程育人？“双新”实施后，一线教师

崔允漷

2022年4月教育部印发义务教育课程方案和课程标准，一线教师对此产生了不少困惑：

“立德树人是教育的根本任务，但我只是教写字、教拼音，如何才能与立德树人结合起来？”

“新课程理念很先进，但我只能听听而已，没什么用。”

“新课程怎么落实？新课程需要新教学、新教学需要新教案，新教案怎么做？”

学科课程何以育人？我们一起找答案。

如何落实立德树人根本任务？“三全育人”是怎样的？

2022年，教育部印发义务教育课程方案和课程标准，部分地区已经编制了实施办法，方案分科目、分年级修订课标、编制教程。学校的具体实施方案则要有效实施国家课程、规范开设地方课程、合理开发校本课程，统筹规划特色编制、规范引领实施过程、评估改进持续发展。整个过程要一体化设计，以达到全科育人、全程育人、全员育人。

换个角度讲，要以党的教育方针、落实立德树人根本任务、中国学生发展核心素养以及党和国家对教育的新要求，构建培养目标，然后每门课程回答如何育人、怎样育人，形成课程标准，教师再依据课程标准、教材、学情制订教学目标，整个过程要保持一致性，即把“想得到的美丽”变成“看得到的风景”，再具体为“走得到的景点”。

课程标准是什么？课程标准是核心素养导向的“目标一族”，具体可以做一个类比：核心素养和课程目标是教学中求乎其上的“人品”，学业质量是得乎其中的“酒品”，而内容要求是即教即得的“酒量”。这次新课标专门增加了学业质量，即阶段性学习后的成就综合表现，相当于“酒品”，而过去的评价重点是“酒量”，即知识点的掌握程度，并没有很好地关注育人的目标。

新教学有何特征呢？第一，一定要基于课标，开展基于课程标准的教学，落实育人的素养要求；第二，强化学习内容结构化，让学生经历有组织的学习；第三，推进大单元教学，强化学科实践、综合学习、深度学习；第四，突出教学评一体化，追求效率、效果与效益的统一；第五，探索用以致学、先用后学、边用边学的新实践；第六，注重作业质量，作业与目标匹配、单元整体、少而精、分层。

如何理解“大单元”中的“大”？这里有四层含义：首先是素养目标，即解决真实情境问题，以产品或作品为导向。其次，一个大单元是多课时的集合，多个课时构成一个教学单位。第三是微课程建设，将目标、情境、知识点、课时、教、作业、展示、评估等建设成一个微课程，即有组织的学习项目。第四，大单元教学必须有组织者，作为单元的“骨架”统摄所有学习活动，主要有三类——大问题，即真实情境中的问题；大任务，即制品、作品或产品；大观念，即知识整合、内化后的想法或观念。

新课标还提出了跨学科主题学习，现在也有一些误解，把跨学科主题学习与超学科学习、跨学科学习等同。跨学科主题学习的实质是以主题学习的方式实现“跨科目”，以培育综合性的核心素养。

综合学习有三条路径，第一条是学科内综合学习，如语文综合性学习；第二条是综合课程学习，如初中科学。跨学科主题学习的定位是这两条路径的中间道路，即第三条道路。跨学科主题学习一定是有主科目，比如主科目为A，A跨到学科B，或者A跨到学科B+，促进课程综合化程度不断提高。

跨学科主题学习的本质属性是以科目为锚点、以主题为抓手、以实践为路径和以素养为导向，素养导向的跨学科主题学习实施单元化、主题意义化、内容结构化、学习实践化、评价表现化。

教研组、备课组如何规划学期课程？学期课程纲要怎么编？

规划与设计课程，就是让学生经历有组织的学习，只有经历有组织的学习，才能化信息为知识、化知识为素养。

学校何以育人，三要素三互动一个都不能少。课程方案、教师、学生三要素之间，过去课程方案与教师的互动表现为抓备课，但经常只关注课时方案；教师与学生之间的互动表现为抓课堂教学，但往往重形式轻实质、无深度；而学生与课程之间的互动通常在被遗忘的角落，只有作业。

学校层面，可以从宏观到微观发展课程。用学科课程规划、学期课程纲要替代“教学进度表”，用单元课时学历案替代“教案”，编写专题活动计划、制订活动方案，像造房子、搭积木一样建设课程。

一线教师要学会编写学期课程纲要。学期课程纲要是教师依据课程标准、教材与学情，以提纲的形式，一致性地规划某门学期课程的目标、内容、实施与评价。它是教学进度表的升级版。“教学进度表”与“学期课程纲要”体现了背后完全不同的理念。前者体现的是教教材的水平，后者体现的是用教材教的水平。

学期课程纲要包括前记、正文、设计说明三个部分。前记包括学校名称、教师、科目名称、课程类型、教材、课时或学分、适用对象、选学条件等；正文包括课程目标、课程内容、课程实施、课程评价四个问题，或合并成课程目标、课程评价、课程内容与实施三个问题；设计说明包括设计依据、创意与使用建议。

学期课程纲要有利于教师审视某门课程育人所需的所有条件，形成学科观或课程意识：专业认识从“教书”到“育人”，专业场域从“课堂”到“课程”，教学逻辑从“一节课”到“一学期”；有利于学生明确一门课程的全貌或相关政策；有利于国家课程校本化的实施与学业质量管理。

学期课程纲要怎么编制呢？第一学年开学前教师独立或分工编制—备课组讨论后合成—开学后交教务处以便管理—期末备课组修改并递交—教务处存档；第二学年，教务处将此存档发给新的任课教师—第二批教师独立研究并修改—备课组讨论合成；第三学年同样如此。教研组在备课组递交的文本上讨论、修改、定稿，作为学校的课程文本，成为国家课程校本化的重要依据。

学期课程纲要编得好不好，这里提供一个定评议框架：

一看结构，前记是否提供了该课程学习所必需的背景信息，如课程性质、课时、对象等，呈现的是否是大纲或提纲；

二看实质，目标要包括期望的学习结果，主语是学生，源于课标与学情研究，是否清晰指向学科核心素养的表现；

三看内容重点看第一课时的分享内容是什么、大单元如何设计，教材处理依据的目标、学情、条件，课时安排是否有利于学生学习和目标达成；

四看实施部分是否基于单元学历案，教与学的方法与目标是否匹配，要注重整合情景与实践，学习方式要多样，要体现学科化、本学期化、活动化、事件化；

五看评价部分要体现成绩结构及来源，体现及格线及评分规则或要求以及相关补修、补考政策；

最后看一致性，每个要素要紧扣目标，关键目标落实线索要清晰。

单元/课时教学方案怎么改？
素养目标如何落地？

教学运作单位“课时+知识点”的时代将结束，“大单元+素养（人）”的时代已经到来。

旧教案难以承载核心素养的培育。旧教案的教学目标中强调知识重难点，不见素养；立场是教师，而非学生；运作模式是“课时+知识点”，抓小放大，学科实践难落实；关注信息传递、反思缺失，知识转化不了素养，书教了、没育人；重教学、轻评价，教了不等于学了。

那么教案如何改？这里提供一种新教案的编写模式：单元学历案。

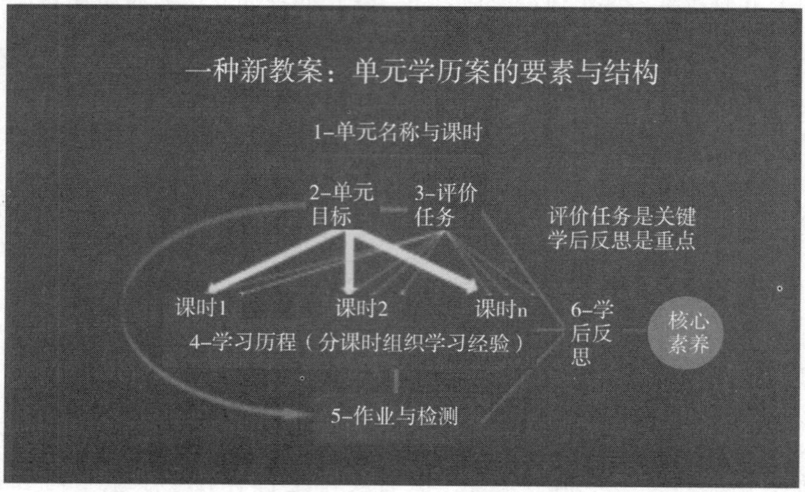

单元学历案是助学方案，教师编、学生用，是与教材配套的助学方案；它是认知地图，拥有明确的目标和达成目标的学习路径；它是学习档案，能够完整地记录学生学习过程，可反复查阅；它是活动载体，是师与师、师与生、生与生互动的文本；它是检测依据，利用规则抽样，了解学科学业质量情况。

我们花了 12 年的时间，做出了单元学历案编制指南，如今已经到了 6.0 版。单元学历案的要素与关键问题包括单元名称与课时、学习目标、评价任务、学习过程、作业与检测、学后反思等六部分。

如果是超过 3 课时的单元，单元学历案设计模板需调整为这样三个部分：一是单元概览，教师导学，让学生先了解单元全貌，从整体感知进入单元学习；二是分课时、一体化设计学历案；三是作业与检测、学后反思。如有需要，还可增加设计意图部分，供老师自己使用，如教学设计依据、创意与使用建议等，留做校本教研使用。

单元目标可用“五步三问法”确定与叙写。五步法即一看大主题、二对学业质量、三思素养要求、四写三问法、五查可评估。三问法，即一问结果、二问过程、三问表现，可按下列句法写：通过（过程），获得（结果），形成/能完成（表现）。

组织单元教学可参考以下模型：第一课时进行单元导学，中间每个单元进行子问题、子任务、子观念的落实，最后一个课时进行单元的总结及评估。处理教材时依据单元目标、课时、资源（校情、师情、生情等），进行“增（增加内容，补充材料主题活动、实验操作等）、删（删除重复的、不符合标准的、不必要的内容）、换（更换不合适或不合理的内容）、合（整合不同知识点或不同学科的内容）、立（打破原来学科内容的排序，重新组织内容）”。

单元整体教学的实施与评价要体现总—分—总的教学安排；倡导基于单元学历案的教学，注重“异学习”，强化学习的差异性、累积性、系统性、学科性；立足单元，丰富各课时的教学形态，实现学习方式的变革；注重学科实践，将所学知识条件化、情境化与结构化；强化促进学习的形成性评价，实现教学评一致；探索表现评价，加强过程评价，重视综合评价。

（崔允漷　华东师范大学教授、博士生导师，课程与教学研究所所长）

智能时代教学转型：未来愿景、当下进程和实践案例

李玉顺

在智能时代背景下，科技革命与教育变革加速融合，创新课堂教学模式、变革育人方式的紧迫性和重要性日益凸显。智能技术的结构化嵌入、变革性赋能与功能性耦合，为智能时代教学的数字化转型、系统化变革与高质量发展提供了契机。本文将结合团队十多年来对技术丰富环境下课堂教学的研究与实践经验，阐释智能时代教学转型的未来愿景和当下进程；并在此基础上，通过两个典型实践案例具象化呈现智能时代教学转型的区域行动，以期为智能时代教学转型的“转什么?”“为什么转?”“转得如何?”等问题提供参考。

一、智能时代教学转型的未来愿景

智能时代教学转型是一场技术赋能的教育革命，以人工智能更好地助力课堂教学变革、促进人的全面发展是智能时代教学数字化转型的关键，也是人工智能技术“工具理性”与课堂教学系统“价值理性”融合的系统性工程，需要持续利用信息化、网络化、数字化和智能化技术变革课堂教学系统复合性动态发展。这将引发教育观的改变，包括众创共享的知识观、智联建构的学习观、融通开放的课程观与人机协同的教学观等。可以说，从教学理念、教学目标、教学观念、教学方式、学习环境等方面重构智能时代的教学范式既是时代呼唤，也是课堂教学不断适应技术智能升级的必然。具体来看，智能时代的教学应超越技术理性，以人的主体性成长为衡量尺度，倡导以人为中心的教学

理念，强调围绕核心素养、培养终身学习力的教学目标，秉承“深度概念理解、培养高阶思维”的教学观念，重视人机协同、融合共生的教学方式，构建线上线下融合、数据精准赋能的学习环境，由此实现智能时代教学范式的转型和重构，真正做到为未知而教、为未来而学，最终实现人的全面发展。因此，智能时代的教学转型旨在构建彰显人的自主性、构建学生中心的教学生态，呈现出理论深度融合、人机协同共生、多主体内生发展、多模态数据驱动等核心特征，涉及教学理论、教学结构、教学实践等全方位、系统性的变革。而要深入推进智能时代教学转型，必须以新教学理念为引领，以育人目标导向为立足点，以教与学方式创新为着眼点，以优化教学要素和内部组织结构为落脚点，以强化学习环境为保障点，持续推动课堂教学信息化、数字化和智能化的高阶应用，促进课堂教学结构性变迁，强化人工智能技术与课堂教学系统的全方位耦合、全过程升级、全系统优化，从而让技术智能与人类智慧相融通，达成“人—技—物”的和谐共生，共同塑造有益师生发展的健康、韧性、可持续的未来教育生态。

二、智能时代教学转型的当下进程

迅速发展的人工智能技术正在推动课堂教学变革，为智能时代课堂教学数字化转型和高质量发展带来了新机遇。特别是生成式人工智能技术的飞速发展，成为教育体系重构的关键力量。课堂教学变革的系统性、结构化、深层次内涵与课堂教学创新发展的大规模、常态化实践之间的张力逐渐凸显。我国课堂教学改革经历多域探索，历经多轮创新实践，从素质教育到素养育人，再到班级授课制环境下的因材施教与个性化教育，课堂教学逐渐走向“以学生为中心、服务学生全面发展与个性的成长”的新阶段。

纵观自 2000 年以来的教育信息化融合实践，技术推动课堂教学变革进程及影响日益加深，从信息技术与课程整合，到深度融合创新，再到

《教育信息化2.0行动计划》提出“教育信息化作为教育系统性变革的内生变量”和《基础教育课程教学改革深化行动方案》倡导“构建数字化背景下的新型教与学模式”，课堂教学方式日益从自主、合作、探究走向混合、深度和项目化。素养导向的课堂变革实践正蓬勃发展。与此同时，伴随自“十二五”规划以来的“互联网+教育”的发展推进，学校层面开展了大规模、常态化的课堂教学变革，随之出现了许多新的教学案例。2022年，国家教育数字化战略行动又全面加速了课堂教学数字化转型进程。然而数智技术赋能的课堂教学生态始终未能获得深刻理解，教师课堂教学变革路径及发展模式难以适应素养导向的课堂教学发展需求，大规模、常态化数字化课堂教学实践发展缓慢，技术赋能的课堂教学理念、教学方法、教学模式依然未突破传统课堂教学模式的桎梏。当前，课程教学改革的深化落地受到制约，亟须基于新课程改革以来的大规模课堂教学实践，依托数字赋能和智能环境下人在回路的双重力量，开展本土化数字教育实践理论建构，着力课堂、发展课堂、变革课堂，形成数智时代由内而外相融通的素养成长型课堂变革理论体系，加速推进课堂教学大规模、常态化、系统性变革。

三、智能时代教学转型的区域案例

面向教育现代化2035发展进程，创生大规模班级授课制环境下的因材施教和个性化教育，正在教育思想发展、教学观念更新、教学能力生成、教与学模式创新、智能技术赋能多重性因素复合作用下日益深化，智能时代的教学范式探索日益迫切。接下来，将结合两个区域实践案例呈现当下中国教学实践中的最新发展样态。

案例1：面向“AI英语课堂教学融合”的北京东城探索

北京东城智慧教育示范区长期在数字赋能教育资源供给、教育数字治理、智慧校园建设、智慧课堂构建、教师专业成长等方面积极探索，并以智能技术赋能课堂教学现代性发展为主线，聚焦智能时代的师生发展，以

"全员"中学英语教师申报和开展课题形式探索教师专业发展新思路的方式，创新融合应用机制，建构了人工智能与学科教学融合应用的区域发展新生态，打造了创新、协调、绿色、开放、共享的智慧教育"东城模式"。

多域协同保障，数据治理驱动。为探索智能技术与学科教学深度融合路径，东城区积极探索"U-G-R-S-E"（高校、政府、教科院、中小学、企业）多域协同保障机制，并以数据驱动教与学模式创新的核心，以实现教育数据资源全面汇聚、深度集成、可信监测、规范管理、安全应用为总目标，融通学校管理"一校一档"、教师发展"一师一档"、学生成长"一生一档"三类教育数据，形成了结构清晰、初具规模的综合教育数据资源体系及汇聚机制。同时，基于数据大脑的回流标准，实时汇聚课堂教学数据，构建智慧课堂教学分析模型，实现对课堂教学的智能分析与决策。

科研示范引领，智慧评价赋能。为推动智能技术与英语教学融合实践，项目组从教学准备、教学实施、教学效果、技术融合教学等出发，建构了师生共进型 AI 英语课堂教学评价模型，关注课堂教学流程的解构重构，追求学生本位与素养导向的发展性突破。为检验该项目对教师专业发展及学生发展的作用，东城区持续对师生开展年度测评，揭示教师在此过程中的发展样态及其对学生的影响。结果显示英语教师对于智能技术环境的感知和对 AI 技术的接受度趋于稳定，自身 AI-TPACK 得到显著提升，在教学流程重构、多元学习策略传授、思维品质培养和自我调控能力培养方面的表现更加突出。

总的来看，作为首批国家智慧教育示范区、全国教育信息化的示范窗口，东城区不断推动智能技术与教育教学深度融合，积极将人工智能等新兴技术应用到智慧教育建设中，以课堂教学数字化转型撬动区域课堂教学改革，持续助力区域教师、学生成长为智能时代的智慧型教师和终身学习者，推动区域教育教学高质量发展。

案例 2：基于"双新"课程教学改革的上海宝山实践

为深入推进普通高中新课程新教材（以下简称"双新"）高质量实

施，引领学校课程教学改革，上海市宝山区以高中“双新”指导项目建设为抓手，积极探索高中课程教学育人方式改革的新范式。该项目依托宝山区未来宝基座、智能教学助手、基础资源建设、多维知识图谱以及智慧同侪等数字化环境，针对目前数字化转型的四大任务整体环境的建设、研修方式、课堂范式以及精准培训，从课程建设、教材使用、教学、教研、考试等方面着力突破，通过课题引领，以“课程”为抓手，积极推进区域价值引领、技术赋能、机制保障实践路径，深入开展基础教育课程教学数字化战略行动，努力营造数智化课程教学生态，着力探索育人方式变革。

大课题引领，微课题带动。上海宝山区以“立足双新多维知识图谱及课程建设”和“落实核心素养的人工智能课堂循证的区域行动”两项市级课题为引领，凝聚复杂课程教学问题，围绕核心素养落地、双新与课程建设、数据与技术应用、教学实践研究、教师专业发展等主题，聚焦多样化目标对象、实践场域和研究方法，指导 10 所项目校形成了共计“10×2”项微课题。

区域化推进，有组织指导。区教育学院充分发挥研究、指导、服务、管理职能，引领备、教、学、评一体化的教学格局，区域化推进学校课程领导力提升，指导区域全体高中在开足开齐开好国家课程的基础上，构建凸显学校特色的一校一案课程教学体系。为支持各校顺利开展研究，全区采用“确立项目目标和范围、成立专门的研究指导团队、制订调研指导计划、成果的整合与推广、反馈机制和持续改进”的课题指导思路，帮助学校在课题研究行动实践过程中把握正确方向，促进学校自主发展。

整体来看，上海市宝山区高中“双新”指导项目以解决教育难题、探索育人模式、提高教育质量为目标，通过课程领导力提升、实践性研究、技术应用、教师专业发展等途径，推动了教育改革的深化，真正实现了数字基座打造生态环境、智慧同侪回应公平均衡、三个助手解决优质高效的目标，有效赋能了教师智慧的教、学生个性的学。

（李玉顺　北京师范大学教授、博士生导师，教育学部慕课发展中心主任）

教育现代化视域下学校课程治理的研究与实践

江培英

现阶段在基础教育领域，对教育治理的研究较多，对课程治理的研究较少。教育现代化视域下学校课程治理，主要是基于学校教育哲学，明确“全人教育”的核心教育理念，确立学校课程建设目标；以多元主体参与，系统构建学校课程谱系，促进学生核心素养发展和生命成长；优化管理，有序推进学校课程治理转型；落实课程建设主体责任，完善课程治理机制。

课程是教育思想、教育目标和教育内容的主要载体，集中体现国家意志和社会主义核心价值观，是学校教育教学活动的基本依据，直接影响人才培养质量。因此，课程治理是推进教育治理现代化进程中最关键的抓手和最深层的治理内容。

在基础教育阶段，北京师范大学胡定荣教授首次提出学校课程治理的概念。他认为，应在教育行政部门主管下，以中小学校为主体，教师、学生、家庭、社会等课程发展利益相关者有序参与学校课程决策与研发、实施与评价的规则设定、程序设计与运行安排，从而全面提升课程品质，提升课程育人水平的全过程。

一、全人教育，确立学校课程目标

（一）明确学校核心教育理念

在教育领域，“人的全面发展”指导着教育活动的开展与运行。2015年，《中华人民共和国教育法》第二次修订时，对人才培养从“德、智、体”修正为“德、智、体、美等方面全面发展”。2018年9月10日，习近平总书记在全国教育大会上指出，“要努力构建德智体美劳全面培养的教育体系”。至此，我国对人才培养的要求已进入“德智体美劳”全面发展的时代，形成了全人教育的人才培养格局。

学校以全人教育为核心教育理念，把“人的全面发展”作为首要目标，致力于培养“一个完整的人”。从健全人格的角度来看，要促进学生德智体美劳全面发展，需要让学生的潜能得到自由、充分、全面、和谐、持续发展。因此，学校在课程体系和育人方式上追求五育融合，形成完整的人格。从尊重每一个生命个体的差异来看，教育要尊重每一个学生的差异性，相信学生，让个体生命得到自由、充分、全面、和谐、持续的发展。

（二）确立学校课程建设目标

学校课程目标是基于学校教育哲学，整合各方教育主体利益，形成价值共识，作为学校核心教育理念，统摄学校课程的构建与实施。全人教育指向人的全面发展，在学校课程建设中，学生既是课程建设的主体力量，又是课程育人的预设目标。在育人目标上，要培养身心健康、有审美情趣、有责任担当、能创新实践、有中华底蕴、具备全球视野的时代新人。在学校课程建设中，教师既是课程建设重要的开发者和实施者，又是与学生共同成长的陪伴者。课程建设过程中，要打造一支高水平、专业化、创新性的教师队伍。因此，学校课程建设要注重价值建构和理念建构，突出能力建构和文化建构。

学校课程建设的总目标是促进学生全面而有个性的发展，促进教师专业发展。课程建设具体目标，一是建构学校课程结构，发展学生核心素养；二是建构学科课程体系，发展学生学科核心素养；三是优化学习内容，改进教学方式，注重单元整体教学的设计与实施，支持学生学会、学足、学好，促进人的全面发展。

二、多元共治，推进学校课程治理

（一）多主体参与，构建学校课程谱系

多主体参与是课程治理区别于课程管理的核心特征。在国家层面，政府、学校、家庭、社会作为利益相关方和核心主体，应共同参与课程治理。在学校层面，学校管理者、教师、学生、家长、课程专家、社会相关专业技术人员等，以教师为主体，通过课程集体审议制度，构建学生立场的学校课程谱系。

从国家、地方、学校三级课程管理到政府、学校、社会、家长及各利益相关者共同参与的育人格局，体现了从国家对课程直接管理到多主体协商共同治理的变化。学校管理者、教师深入理解学生的个性和需求，设计与学生生活经验和未来发展紧密相关的课程内容，创造有利于学生主动学习和全面发展的教学环境。学生参与课程的选择和设计，使教育过程更加人性化、个性化，从而搭建了丰富多元且具个性化的课程平台，丰富了学生的个人选择。

学校纵向贯通、横向联通，构建学生立场的课程谱系。纵向贯通，整合研发包含生命教育、德育、人文、科技教育、艺术教育、体育、思维和国际理解在内的八大核心课程群。横向联通，一方面，打通文科类课程，整合语文、历史、道德与法治、音乐、美术、舞蹈等，研发中华经典海量阅读、礼乐校本课程、中华民族传统美术、爱国历史剧和民族舞等课程；另一方面，融合理科类课程，整合数学、地理、生物、化学、物理，研发了数学建模、生物多样性研究、航模和海模等课程。

学校有计划、有侧重、分步骤实施八大课程群。基础类国家课程校本化实施面向的是全体学生，人人必修，以促进学生全面发展；拓展类地方课程和校本课程分学段实施面向的是部分学生，群体必修，以培养专门人才，发现个人潜能；特长类课程以丰富、多元、可选择的形式个性化实施面向的是个别学生，个人自由选修，以培养有特长的学生，发

展个性。

（二）学生立场，推进课程治理变革

学生立场的课程建设，其课程设计和教学实施旨在促进人的全面发展，因此，应在严格落实国家课程的基础上，强调学生的个性化和差异化需求，注重培养学生的自我学习能力、批判性思维能力以及社会实践能力等；在课程实施过程中，采取国家基础课程校本化实施、学校校本课程生本化建设和学生特需课程个性化建构三线并行。

学校课程治理变革遵循三个原则：一是按需设置。从研究学生的发展需求出发，整合原有课程，确保课程治理变革符合学生兴趣和成长需要。二是突出特色。基于学生兴趣评估和调整现有课程，剔除不受欢迎的课程，拓展和延伸学生喜爱的内容。三是分层分类。确保国家课程主体地位，地方课程和校本课程做拓展和延伸，服务学生核心素养的发展。

三、优化革新，完善课程治理机制

（一）扁平化管理，落实主体治理责任

多元主体权力分享是治理的核心理念，多元主体以扁平化、网格化治理结构，共同参加课程管理。在新课程改革背景下，课程权力下放，国家、地方和学校在课程层面分级管理，各司其职。学校作为课程治理的实践主体，拥有一定的课程自主权，负责整合、落实三级课程，以实现总体课程目标要求。

在学校课程治理中，权力下放在教研组和教师层面，同时发挥校内和校外双主体力量。以学校管理者为主导，教师和学生为实践主体，家长和社会相关人员协同参与的学校课程治理，使课程目标展现了多元主体的课程需求。

课程治理中要落实课程治理主体的治理责任，学校要严格落实国家课程方案，建构多元化、可生长的课程结构；教研组要建构特色化的学科课程体系；教师要开发课程建设案例、课程模块，打磨精品课例；学生要选

择适合自己的课程，对课程的选择负责，让选择凸显个人成长的价值。

（二）多元共治，完善课程治理机制

课程是学校育人的载体，学校拥有一定课程开发自主权和课程开发能力，厘清学校课程建设主体的权责关系，构建多元主体参与的课程治理体系，是实现现代学校教育治理的必要举措。

进一步完善学校课程治理机制，应在课程决策和目标制订阶段，召集课程各主体，以集体审议的形式民主共商；应在选择和编制课程内容、课程实施与评价等环节，落实监督保障机制，开展多元测评和各类督导。

在教育治理现代化理念下，通过学校主导、多元主体参与、课程治理变革、全人教育落实、社会优质资源融入等途径，学校将不断提升课程的育人水平，促进学生核心素养发展。

（江培英　北京市大兴区第三中学党委副书记、校长）

学生素养全面提升 全科阅读课程，实现

张申

苏霍姆林斯基曾说：“一所学校可以什么都没有，只要有了为教师和学生精神成长而提供的图书，那就是学校。”山东省昌乐二中自 2013 年开始对全科阅读进行有效探索，成效显著。十余年的实践表明，全科阅读是一种以发展中国学生核心素养为出发点的全新教育理念，是提高学生整体素养的有效途径，是教育资源有机整合的全新实践，对学生心灵的滋养、健全人格的养成、学科思维能力的提升和整体学习发展等方面发挥着重要作用。

一、全科阅读，促进学生素养提升

全科阅读是一种由单一语文学科阅读走向全学科阅读的阅读方式。各学科遵循人的全面发展的特点和学习成长规律，站在学生生命成长和学生学科核心素养养成的角度，从各自的学科视角出发，基于本学科的基础知识、必备能力、学科素养和核心价值，确定本学科阅读拓展的资源，并采用各具特色的形式，为学生提供更丰富、更系统、更有效的阅读指导，让学生在各学科阅读中进行拓展学习、深度学习，拓宽学生视野，充盈学生思想，帮助学生建立正确的三观，促进学生理解学科的本质，培养学生阅读学习、终身发展的能力。

二、转变观念，真正实现阅读价值

当前，在全科阅读方面存在着以下几个误区：第一，对阅读的价值定

位不正确，认为阅读仅仅是语文阅读，各学科尤其是理科教学没有与阅读进行有效融合，失去了阅读在促进学生形成学科核心素养时发挥的重要作用。第二，对阅读的重视程度不够，把阅读简单地视为课外阅读，弱化了阅读的功能，学生没有时间读、学生没有好书读、学生不知如何读。第三，没有构建系统的全科阅读课程体系，教师也常常只是将其认为好的书籍罗列出来，让学生自主阅读，忽视阅读主体的感受，缺少对阅读的指导与帮助，放松对阅读质量的把控，最后没有实现阅读的内化生成，阅读的价值大打折扣。

三、精心组织，实现全科阅读育人

（一）打造全科阅读文化，建设书香校园

教师层面，学校通过全科阅读专项培训的形式，对全体教师进行政策解读及思想引领，转变教师对阅读不重视、阅读形式内容单一的传统观念，提升教师对全科阅读的正确认知；创设半日集体教研时间，组织教师研究国家课程标准、高考评价体系、学科史等内容，让教师站在育人的角度和充分认知学科本质的角度去实施全科阅读，达成“立德树人”的根本目的。学生层面，学校借助主题班会、讲座、报告、国旗下讲话等活动，让学生认识到全科阅读的重要性；借助学科教师加强学科拓展知识的渗透和学科阅读的引领，激发学生对学科阅读的认知与兴趣。

（二）拓展阅读资源，融入课堂教学

各年级各学科教师在集中教研会商前，每位教师要检索与本节课相关的阅读资源上传数据平台。在教研会商时，教师不仅对教学内容进行研讨，还要对阅读资源进行讨论、筛选、修改，形成学科阅读资源。教师在课堂中会适时进行学科阅读的拓展延伸，同时也将整合后的阅读资源通过数据平台推送给学生，学生在课前预习和课后复习的过程中，可以及时提取资源进行拓展阅读，从而提高对本学科学习的兴趣，提升对学科本质的理解与认知。

（三）创编阅读报刊，深化学科认知

各学科各年级基于本学科的特点及当下所学内容，至少每半月出版一期阅读报刊供学生阅读。以语文、物理为例。语文学科创办阅读期刊《花开有声》，每半月一期。该期刊内容涵盖大国新闻、热点时评、深耕作文、名作细读、美文鉴赏、习作园地等固定板块，重在开阔学生视野，提升语文素养，引领学生与时俱进，培养思辨能力。物理学科创办阅读报刊《墨子半月刊》，每半月一期，每个年级根据各自特点组织，教师轮流主编，学生参与编选，学科主任审核把关，内容涵盖当下科技发展动态、物理学家人物传记、物理学发展史节选等，旨在引领学生了解学科、感知科学、感知时代、形成科学思维。

（四）推荐阅读书目，精细阅读指导

各学科基于国家课程标准、《教育部基础教育课程教材发展中心中小学生阅读指导目录》及学生学段特点选择学段共读书目。以物理学科为例，高一年级共读《科学史十论》《时空之舞：中学生能懂的相对论》；高二年级共读《时间简史》《科学革命的结构》；高三年级共读《狭义与广义相对论浅说》《从混沌到有序》。每学期至少阅读一本。实施整本书阅读，能有效补充教科书篇章化、碎片化的不足，使学生走向更高层次的阅读探索。同时开设阅读指导课程，各学科兼顾学科特点和阅读方法的共性指导，解决每个学科的特性问题，增强学生个性化的阅读体验，培养学生基于学科需要的阅读习惯、阅读态度和阅读能力。

（五）打破学科界限，开设主题阅读

主题阅读不是局限于单一学科的阅读方式，而是以人的全面发展为中心，创造整合跨界（打破年级界限）、跨域（打破学科领域），跨维（融合国家课程和本土课程）阅读内容，设置一个任务群或者一个主题，让不同学科和领域的阅读知识融合进来，构建起系统的主题阅读课程体系。在主题阅读课程的创制过程中，充分发挥教师、学生的合力作用，由课程开设者确定主题、制订标准、编写课程，由学校组织评审团队对课程进行评审，遴选出优质课程组织实施。以"'一带一路'倡议"主题阅读课程为

例，将国家倡导“一带一路”的历史背景、理论基础、共建原则、框架思路、基本内涵、发展历程、领导机构、项目成果、合作重点、合作机制、地方态势、风土人情、文化建设、影响意义等所涉及的知识与内容系统联系在一起，这其中包含了语文、政治、地理、历史、生物、艺术等学科的知识，由老师经过系统的筛选形成阅读材料，指导学生进行阅读。同时引导学生对主题进行探究，体验过程，表述学习结果。

（六）丰富阅读活动，沉淀阅读成果

2019 年，《中共中央　国务院关于深化教育教学改革全面提高义务教育质量的意见》中明确提出：要广泛开展多种形式的读书活动。深刻的教育来自学生深刻的体验，学校为学生搭建广阔平台，让学生在各类阅读活动中，将自己在各学科阅读体验中的所思所获所感表达展示出来，通过展示分享，真正将阅读的内容内化为自己的东西，也让更多学生受益。如：读书交流会、朗诵会、故事会、情景剧表演、征文比赛、演讲比赛、辩论赛、读书节等一系列活动，不拘泥于读书笔记、读后感等传统做法，引导学生将阅读的收获迁移到思想中、实践中。在各类阅读活动的整个实施过程中，学校所扮演的角色只是为学生的阅读活动提供必要的时间和场所，教师更多的是作为活动的参与者、协助者而非组织者，所有的活动由学生自主承办，从前期策划到中期组织再到后期评价，充分调动学生的积极性、主动性和创造性，让学生在参与中得到锻炼和成长。

（七）强化组织管理，保障课程实施

学校层面，成立全科阅读项目实施团队，对全科阅读进行整体策划，首先找准全科阅读定位，设计相关教师培训课程，对教师进行系统培训；其次制订全科阅读课程实施方案，基于学校自身特点对课程目标、课时设计、课程标准、课程调研、课程评价等方面进行整体设计，对全科阅读的实施起到纲领性作用。在学科层面，在学校实施方案的引领下，制订本学科全科阅读实施的标准，各学段从整体出发对全科阅读的实施进行策划，保障全科阅读的整体性、系统性、连贯性，然后基于一学期进行课程的设置，促进全科阅读的有效开展。

在学校全科阅读的长期积极实践下，学校阅读文化氛围更加浓厚，教师对学科有了更深刻的认知，学生整体素质、学科素养和阅读能力得到显著提升。相信在持之以恒的推动中，每位师生都能在全科阅读中得到更大的收获与成长。

（张申　山东省昌乐二中校长）

GONGDAOBEI

公道杯

“春共山中采，香宜竹里煎。”关注学校管理建设等层面，

与教育践行者畅谈改革，共襄教育变革。

学校民主管理的基本方式及其适用边界

苏君阳

民主思想在古代社会中就已经产生了，但民主管理被用于社会各领域之中则是在进入近代以后。学校是一个培养人才的地方，其集聚着具有很高道德要求、才智要求以及理想要求的专业群体。相对于其他组织而言，学校具备更好地实施民主管理的基础与可能性。民主作为一种先进的管理理念，其在学校中的应用有利于提升学校的管理效能，保障与提升学校的育人质量，更好地提升学校治理现代化水平。

一、学校民主管理：内涵的阐释

民主管理中“民”是相对于国家、社会提出的一个概念，其意指人民、公民。在一个单位组织内部，这里的“民”就转化成为除享有决策权的一切其他组织成员。因此，在学校组织中的“民”不仅指教师，也指学生。

在学校管理中，民主就是指由教师与学生自己拿主意、做决定。这里需要指出的是，在不同的事务管理中，由教师与学生自己拿主意、做决定所产生的意义与影响是不同的。因此，在不同的学校事务中所产生的民主管理吁求也是有所差异的。

在学校组织内部中，校长享有最高的决策权，其对于学校能否推进民主管理起着决定性的作用与影响。因此，决策权的配置及其运行机制是保障民主管理得以实现的重要前提。能够有效地实现民主管理的决策权力配置是分散化与扁平化的权力配置，如委员会制度、代表制等。能够有效地实现民主管理的决策运行机制是自下而上的运行机制，如层层意见征询机制以及逐级向上推介机制等。

不论是在纵向上学校的各个层级组织中，还是在横向的各个部门领域之中，皆应该有效地推进民主管理，这是保障师生个体权利以及实现公共利益的重要方式。如果不能推进民主管理，那么，决策权就可能会集中在校长或少数的几个人的手中，而师生则是很少拥有参与管理决策权利，在这种情况下师生的权益就难以得到保障。

民主管理的根本宗旨是保障师生与学校组织的公共利益能够得以实现，而并非仅仅强调个人主体意志与利益的彰显。否则，就会容易陷入个体主义与帮派主义管理的误区之中。因此，如若是完全基于师生个人主体意志与利益的民主，公共利益有可能会难以达成，这样就容易失去民主的本意。不过这里需要强调与指出的是——学校内部公共利益的实现一定是建立在学校师生个体主体意志与利益彰显基础之上的。

二、学校民主管理的基本方式

民主管理的方式是多种多样的，从不同的角度来划分，民主的管理方式也是不同的。校长可以根据实际情况选择适当的民主管理方式。

（一）直接民主管理与间接民主管理

直接民主管理与间接民主管理是根据决策过程中学校干部、教师与学生的参与方式不同而产生的类型划分。在直接民主管理中学校利益相关者会直接参与到决策过程之中。在间接民主管理中，学校利益相关者是不会直接参与到决策过程之中的，而是通过不同渠道向决策部门反映意见与建议来对决策产生影响。

直接民主管理实施起来具有很高的成本要求。直接民主具有投票民主与协商民主两种方式。采用投票民主，其决策很容易被做出。如果采用协商民主，常常会产生决策意见难以达成的困境。间接民主管理只能通过意见征询与意见反映的方式来进行，其实施起来成本要求比较低，但容易产生以下几个方面问题：其一，难以形成决策意见的互动；其二，对决策意见与建议容易产生错误理解；其三，在意见传达过程中容易产生信息衰减。

究竟应该采取直接民主还是间接民主管理方式，一方面和学校章程以及相关制度规定有关，另一方面也和决策群体规模以及决策性质有关。

（二）投票民主管理与协商民主管理

投票民主与协商民主是根据做出决策方式的不同而进行的一种类型划分。投票是直接民主管理的一种方式，但并不是所有的投票都属于直接民主管理。投票有现场参与投票，也有非现场参与投票；有本人亲自投票，也有委托他人代替投票。委托他人代替投票就不属于直接民主管理方式。协商民主管理是在参与决策人员表达各自意见基础上，最终做出决定的一种方式。协商民主不仅需要参与决策的人员能够充分表达自己的意见，而且，还需要在协商的过程中让参加决策的人能够进行平等对话。

投票民主实际上是仅仅依据票数多少来进行决策与做出决定的民主方式，决策的结果未必就属于理想状态。并且，在投票过程中个体意志很容易受到一些外在因素的控制与影响，所作出的投票未必是自己意见的真实表达。协商民主是一种商谈民主，但商谈的结果很容易受权威人士左右，最后使得协商的意见仅仅是个别人或少数人的意见表达，而不是多数人的意见表达。在协商民主管理中，当意见产生分歧不能调和的时候，通常也会采取投票的方式做出决策与选择。

（三）程序民主管理与实质民主管理

程序民主管理与实质民主管理是根据决策的结果不同而做出的一种类型划分。程序民主管理又可以称之为过程民主管理与形式民主管理，在这种民主管理过程中相关利益群体的决策参与皆符合程序与原则要求，因此，其具有程序与形式的正当性。实质民主管理又可称之为结果民主。如果通过民主管理所达成的结果是正当的、合法的，那么，这种民主管理就属于实质民主管理。程序民主管理与实质民主管理之间是相互联系的，程序民主管理是实现实质民主管理的重要前提，而实质民主管理则是程序民主管理的结果。

程序民主管理容易走过场，尤其是当潜规则发生作用以后，就会很容易导致民主的形式化问题。实质民主管理关注的是价值与结果，但它的实现需要以程序民主以及其他民主管理加以保障。

三、学校民主管理适用的边界

党的二十大报告将“全过程人民民主制度化、规范化、程序化水平进一步提高”作为未来五年我国发展的重要的目标任务内容。民主作为一种先进的价值理念，亦应将其贯穿到学校计划决策、组织实施、保障监督以及总结评价等整个管理过程之中。在推行民主管理过程中，需要遵循每一种民主管理形式的要求明确对其进行合理应用的边界，这样才能够更好地发挥民主管理的功能。

（一）参与主体的边界

决策主体是实施民主管理的关键因素。一项决策应该由哪些师生员工参加，其实主要是由决策需求与实施的可能性来决定的。有些决策需要教职员工全体表决通过，凡学校的基本制度皆需要全校教职员工参与来进行表决通过，如学校章程、绩效工资制度等。有些决策则是需要部分教师参与，如教学管理、德育管理与后勤管理决策等。学校需建立良好的决策机制，并应充分发挥它的作用与价值。委员会是少数人决策机制，教职工代表大会是多数人决策机制。民主管理要求有众多人参与决策，但并非参与的人愈多愈好，学校的决策事务不同，其参与决策的主体边界也是不同的。

（二）事务领域的边界

民主管理有诸多形式，每一种形式的民主管理都有一定的事务领域边界要求。否则，民主管理就会很容易形式化，从而失去民主管理的正当性以及实质的意义与价值。在学校组织内部，有些领域的事务决策是集中性的，而有些领域事务的决策是分散化的。一般情况下，学校的政治与行政领域事务可以进行集中性决策，而学校的教学、德育、课程等专业领域事务则可以采取分散化决策。

（三）作用功能的边界

不同的民主管理方式所能够解决的问题是不同的，因此，每一种民主管理方式的作用与功能也都有一定的局限性。但不论哪种民主管理方式，都要比专制管理要好。相对于专制管理，民主管理具有诸多的优势，例如能够保障决策信息更加充分，从而了解到师生更多的主观意志与利益诉求；能够集结群众的智慧并保障决策的顺利执行；等等。在推进学校民主管理实践中，需要根据每种民主管理方式的优势、局限，对其加以灵活地、综合地应用，这样才能够更好地发挥它的作用与价值。

（苏君阳　北京师范大学教授、博士生导师，教育管理学院院长）

县教育局长的行为逻辑：条块分割之中的生存之舞

司洪昌

从社会学视角看，教育局长是一个重要的社会角色——在地方万众期待，并被多方关注，但很多时候又往往被学界不证自明地“有罪推定”为有点负面色彩的官员形象。这其中存在一系列误读与误解，扭曲了教育局长一角的社会真相。

作为一名区域教育的研究者，我曾深入实地县域挂职锻炼与实地考察，并多年参与教育局长培训。我倾向于将教育局长这一角色放入真实的社会情境与脉络中，设身处地来研究其所处的真实困境和行为逻辑。研究教育局长的角色行为，需将其放置在其所生存的县域中，放置入基层官场文化与吏治生态之中，才能感同身受地体验其行为逻辑，理解局长的社会角色与行为。这一角色，并不需要根据个人好恶来想象，而是需要“移情式理解”其所处社会情境，类似以一名身处田野的人类学家身份，从客位视角分析其行为，从内部视角解释其逻辑，从所处的生态结构之中体验其社会角色感。

一、县教育局是一个牵涉各种教育事务的“行政组织”

理解县教育局长的行为逻辑，需要理解其所处的“单位”——县教育局。

（一）县教育局是一个特别的组织

县教育局不同于省教育厅、市教育局等教育行政机构——这些厅局处于国家与县域之间的“中间层”，是教育政策与行政的中介，是行政链条的“中间环节”。省教育厅和市教育局大多并不直接治理基层学校，它们距离一线教育工作相对遥远，与一线容易产生隔膜。省教育厅和市教育局主要是中央政策的传递者、监督者和区域政策的制定者。县教育局是教育行政组织的底层机构，是其神经末端，服务对象为区域中各种类型的学校，是法律意义上最小的实体教育行政机构。它既是政策制定者，又是教育政策的执行者，是一个在区域教育领域拥有几乎无限责任和较高权力的组织。从治理角度而言，县教育局既有机关色彩，又不同于“处于半空”的机关——它直接面向一线的学校，直接面向基层一线的教师与学生群体。

（二）县教育局的职责是看得见摸得着的实务，而非空文与虚务

县教育局很难逃脱具体事件和经验的范围去探讨“形而上学”。基层教育局的工作是办理一件件紧要之事，而非坐而论道。这一点类似于近代知县的权责，如瞿同祖先生研究发现，州县官员是真正的行“政”官，是“治事之官”，负责实务；而他们的上司无论督抚、知府还是道员，都是监督官，是“治官之官”——他们向州县之官发号施令并向上直至中央书面汇报工作，是行政链条的“中间”一环。县官是基层官员，因此“然兴利除弊，不特藩、臬、道、府能说不能行，即督、抚亦仅托空言，惟州县则实见诸行事，故造福莫如州县”①。因而州县官被称为“亲民之官”与“父母官”。瞿同祖的判断依然适用于现代县级教育行政机构，大部分县教育局长是科级干部，其角色类同于清代知县，是一种牵涉所有教育事务的具有“混沌整体”属性的行政角色②。

（三）县教育局职责在不断扩张之中

古典时代的县衙是小型化的，仅仅依靠知县及书吏、衙役、幕友、长随等来处理公事。但随着现代国家建立，公共机构日益庞大，教育行政机构也随之从中央到地方逐渐建立起来了。这些日益扩张的机构，显示了公

① 瞿同祖:《清代地方政府》,范忠信、何鹏、晏锋译,新星出版社 2022 年版,第 25 页。

② 《瞿同祖先生与中国地方政府传统研究》,载于瞿同祖《清代地方政府》,范忠信、何鹏、晏锋译,新星出版社 2022 年版,第 1—22 页。

共机构扩张的大势，现代国家行政机构涉及教育、医疗、警察、城市、环卫等几乎所有的领域。在这一过程之中，县域教育局功能日益扩张，成为基层一个特别重要的公共机构。

二、县教育局长的角色期待与身处的生态环境

（一）在县级党政序列之中，县教育局被认为是一个重要“单位”

在地方行政体制中，县教育局首先是隶属于县政府之下的委办局，它与其他委办局一起构成了县级政权的核心机构。此外，一个县还包括一百个左右的科级单位，涵盖了从政府直属事业单位到企业的完整序列，如统计局、安监局、文旅局、信访局、共青团、工会、妇联、气象局、地震局、应急办、人民防空办公室、县志办、档案局等等，不一而足。在这些机构之中，教育局并非边缘部门，在政府机构序列之中排位靠前，被认为是一个相对重要的科级单位，其角色与作用不可替代。

（二）社会对县教育局长角色期待颇高

作为一方的教育负责人，县教育局长的教育管理被认为具有专业色彩，类似于卫生管理或财务管理，其角色被期待为一位具有“文化品味”的官员，具有地方社会所认知的“知识分子”气质。同时，教育局人事繁杂、系统大，需要管人、管事、管物，因此县教育局长又必须具有良好的协调能力，具有良好的社会关系，并被当地的党政领导所信任。在社会角色期待与能力要求的双重过滤下，符合县教育局长角色期待的地方干部并不多。在组织部门的视野之中，那些出自教育系统内的干部往往专业与业务好，但缺乏行政历练和良好的公共关系能力；而那些来自教育系统外部的干部，可能在外部关系协调方面具有优势，但往往对教育行业一知半解，对课堂教学或者教育政策等知之甚少，需要大量的时间来熟悉这些业务。

（三）县教育局长需要适应教育系统的亚文化

一个常规的县域，教师人数少则一两千多则近万人，甚至个别大县的教师人数接近一万五千人。教师云集的教育系统充满了“知识分子”氛

围，具有特殊的系统亚文化。县教育局长身处这样的文化氛围之中，完全不懂业务可能会阻碍其影响力的发挥。一旦县教育局长行为不符合社会期待，就往往会失去信任，不被教师群体认同为教育同道中人，而在教育系统的亚文化之中被视为一个职业官僚，或者过渡人物，影响行政效率。

（四）县教育局长需要紧紧依靠党委政府的重视

县（区）教育是党和政府的事业，而非教育局一家之事业，更非教育局长一人之事也。从县（区）政治生态来看，教育局长是由地方党委任命的。从地方政府角度而言，教育系统责任大而任务重，但因教育周期长而难求短期之功效与政绩，因此个别的领导会口惠而实不至，对教育只是口头重视而已。如何调动党政一把手重视教育，将教育作为民生的重要领域而研究、决策与部署，给资源和编制，这是县域教育局长面临的重大挑战。

（五）县教育局长同时需要处理好周边关系

在县域行政生态之中，教育局若想与“邻居”和谐相处，往往需“街坊四邻”之帮衬。县教育局是一个需要四处“化缘”的部门，在实践中需要与财政局、物价局、消防、街道、乡镇等合作。只有在周边部门的配合下，县教育局才能营造出一个良好的教育外部环境，才能为学校发展提供良好舆论氛围。良好的社会氛围，一方面在于县教育局长自身的协调，另一方面还需要党政领导的重视，特别是需要党政主要领导的关注及分管教育的县领导发挥影响力。一些地方分管教育的县领导协调能力强，可以通过行政资源的调配来改善教育外部环境。例如某地是由常务副市长来分管教育和财政等，其协调力度比较大。而有的地方分管教育的领导协调能力有限，便较难为教育发展争取更多的资源支持。

三、在条块分割之中起“行政”之舞

县教育局长时常会面临着条块分割的指令困境。许多时候，教育行政的具体领域没有非黑即白的明确界限，而存在一个规则与界限模糊的灰度世界，而地方与外部之间指令与规则又出现了不统一。这时候，县教育局长需要学习一种谨慎平衡的社会艺术：在冲突的要求之间、在不同的指令与利益关切之间保持协调性。这需要行政经验，也需要行政艺术。

从地方角度而言，县教育局长天然是属于地方的，其立场、站位和考虑问题的视角是地方性的，这是其出身与视角决定的。县教育局长的任命，是由县人民代表大会常务委员会通过会议决定的，教育人、财、物大都是地方来源。因此在条块分割的行政结构之中，县教育局长首先是处于“块”的结构之中的一个部分，其次才是“条”的一个基层环节。这是其生存的环境决定的。

在现实之中，来自国家、省、市的行政指令需要基层教育局来贯彻执行，大部分时间前者与地方利益一致，但有时难免出现差异和冲突。这时候，县域教育行政行为就会产生向地方倾斜的一面。正因为如此，有时县教育局和来自县域之外的权威之间会出现观点不一致的现象。

从历史角度考察，条块之间的分割是一个历史现象。清末，清政府在中央设置学部，而在各省设立教育行政组织提学使司及学务公所，这两处地方机构是条块分割严重的机构。最初设立学务官制及劝学所章程之时，学部上折给皇帝称“尤重在教育行政与地方行政之机关各有考成，不相扞格，期于实力奉行，徐图推广”①。提学使由学部推荐名单并由皇帝任命，所谓“胪列上奏，谨备圣明采择”，但考核为“提学使人员三年任满，由臣部考验成绩，分别奏闻”。② 在管理方面，各省学务由督抚节制下的提学使办理，但提学使任命及人事考核等都隶属于学部，“提学使照各省籓臬两司例，为督抚之属官，归其节制考核；一面由学部随时考查，不得力者即行奏请撤换”。提学使所办事务，随时秉报督抚，由督抚咨报学部，但每学期及年终需要详报学部以备考核，“提学使如遇有紧要事件，应行

① 《学部奏陈各省学务官制折》，载于《大清教育新法令》第1册，转引自朱有瓛等编《中国近代教育史资料汇编——教育行政机构及教育团体》，上海教育出版社2007年版，第43页。

② 《学部奏请简放直省提学使并陈未尽事宜折》，载于《大清教育新法令》第1册，转引自朱有瓛等编《中国近代教育史资料汇编——教育行政机构及教育团体》，上海教育出版社2007年版，第42页。

出生考察，须先期电达学部，经学部允准后，方可出省考察”。[①] 在地方县设立劝学所及县视学一人（兼任学务总董），由提学使札派充任。[②] 民国时期实行省县二级区划，因此根据1923年颁布的《县教育局规程》第四条之规定，“县教育局长，由县知事就具有前条资格者推荐三人，呈请该省区教育行政长官选任，并报教育部备案”[③]。

近代县教育局长，或者科长、劝学所长常处在地方政府与上级教育部门的纠缠之中，其权力划分和归属容易产生拉锯现象。在民国时期，按照《湖南省各县政府教育局规程》，县教育局长由县长遴选合格人员并经省府审核委任，“局长任用，不以本县人为限，遇必要时，并得由省政府直接委任”。[④] 这实际上会产生权力的摩擦现象，作为县政府分支机构的地方性教育局的负责人，与作为省级任命局长之间的身份会产生责权的不统一，造成行政方面内在冲突的根源。再加上当时国困民穷，县教育局长一职位往往变换无常。以湖南为例，全省50%以上的县教育局长任期不到一年，70%以上的县教育局长任期不足两年，任期满五年的县教育局长在全省仅有一人。因此有“湘省县教育局长一职，多朝委夕撤，甚不稳定。欲其能贯彻教育计划，当不可能”[⑤]。由此可见，地方与中央之间的分权与集权等由来已久，有一个悠长的行政传统与惯例。

县教育局植根于县域地方，需要正确面对市教育局的行政干预与业务指导。县教育局首先面对的是地市教育局——一个最经常打交道的上级部门、一个来自外来的“条”在业务和政策上所做的经常性地指导、干预和

① 《学部奏陈各省学务官制折》，载于《大清教育新法令》第1册，转引自朱有瓛等编《中国近代教育史资料汇编——教育行政机构及教育团体》，上海教育出版社2007年版，第44—45页。

② 《学部奏陈各省学务官制折》，载于《大清教育新法令》第1册，转引自朱有瓛等编《中国近代教育史资料汇编——教育行政机构及教育团体》，上海教育出版社2007年版，第47页。

③ 中国第二历史档案馆编《中华民国史档案资料汇编》第五辑，第三编教育，江苏古籍出版社，2000，第12页。其中所谓前条（即《县教育局规程》第三条）规定任职的资格条件需要满足如下条件之一：1. 毕业于大学教育科、师范大学或高等师范学校者；2. 毕业于师范学校，并曾任教育职务三年以上者；3. 毕业于专门以上学校，并曾任教育职务二年以上者；4. 曾任中等学校校长或小学校校长三年以上者；5. 曾任教育行政职务五年以上，著有成绩者。

④ 罗慧：《抗战前湖南县级教育行政组织考》，《湘潮》2014年01期。

⑤ 罗慧：《抗战前湖南县级教育行政组织考》，《湘潮》2014年01期。

督查。在理论上，地市教育局不会干涉县教育局的人财物，县教育局长的任命和投入主要取决于地方县域，其主要作用在于区域教育协调与业务指导。在县教育局机关，可以看到对地市教育局干预与指导的质疑。这出于对外来干预的不认同，从而产生了一种内外有别的文化。处于市级教育机关的干部是属于外地的文化，不同于县域社会的本土文化与行为方式，加上个别官僚呈现的傲慢姿态，更加阻碍了县教育局与市教育局之间的良好沟通与相互认同。

县教育局需要在教育行政系统的“条”间进行平衡。省厅及教育部对县教育局而言，似乎是一个遥远的存在，它们并不与县教育局的日常教育行政行为发生直接联系，而由地市教育局充当了中介。这样就使得基层对更远端的教育行政部门保持了相对好感，但需要时时警惕在政策贯彻之中偏离了航向，偏离了国家与省厅政策的初衷。脱离教育系统的主流政策方向，会被定义为“土政策”“土办法”，会遇到违规与违法的风险。一县一地往往具有独特的地方性，上级政策空间狭小而有时难以达到，基层，便不得不进行因地制宜的“变通”，甚至揠苗助长或做官样文章。县教育局长，既需要承受着来自“条”系统的行政压力，也需要考虑“块”（县域）的实际资源供给能力，难免处于鱼与熊掌不可兼得的两难境地，从而承担行政风险。从条块分割的结构可以看出，县教育局长更倾向于在“块”的环境之中生存下来，其采取的策略更加面向地方，其行政行为和政策行为都是基于现实区域环境来进行选择的。当外部的要求与当地的实际出现冲突时，其行为的逻辑会偏向地方性要求，采取变通的策略来实现政策目标。县教育局长同时需要在教育政策的方向与地方的执行方式之间保持定力，需要具有一种稳定的方向感。

（司洪昌　国家教育行政学院研究员、科研处处长）

引领区域教育均衡

『教育集团+优质学区』，

李新生

教育是国之大计、党之大计。近年来，济南市历城区教育和体育局深化教育改革，通过探索“教育集团+优质学区”办学模式，整合优质教育资源，深化校际合作，呈现出“规范有序、优质均衡、活力迸发、特色凸显”的高质量发展态势，促进了区域教育优质均衡发展。

聚焦难点问题 探索办学模式

通过深入调查研究，我们发现区域义务教育阶段优质学校数量不足，优质学校主要集中在洪家楼等几个主城区街道，其他片区教育资源无法满足群众享受优质教育的现实需求，教育发展不均衡、不充分。为发挥名校的辐射带动作用，2017 年，在区委、区政府的支持下，区教育体育局牵头成立了历城二中教育集团；2020 年，进行教育集团成员校扩容，并进一步擘画了“一园一圈十学区”的教育布局新蓝图，积极探索集团化办学、学区化治理和城乡教育共同体发展模式，促进区域教育优质均衡发展。

“一园”即采取“外引内培”双轮驱动、建设人才高地、深化教育管理改革等措施，打造唐冶片区教育改革创新试验园。以礼轩小学为培养基地，全区选拔一批种子教师，跟随礼轩小学校长孙镜峰开展大单元教学理论和实践研究，全力打造历城教育人才培养新基地；稼轩学校作为历城二中教育集团的核心紧密校，深度践行“勤志文化”，狠抓精细化管理，成为济南市初中学校的龙头校；新建学校唐冶中学全面开展“五育并举”工作，迅速成为济南市第一梯队初中学校。根据新区建设目标和教育发展实际，区教育体育局提出“点位管理、环境育人”“学生行为习惯养成”等教育管理策略。唐冶片区唐官小学、仁轩小学等学校率先落实，带动12所项目校积极跟进，目前全区已培育出25所“点位管理习惯养成”教育示范校。

“一圈”即在历城第二中学教育集团的带动下，进一步打造洪家楼优质教育圈。洪家楼片区是主城区，区域学校建成年代较为久远，再加上该区域教育资源供给紧张，整体办学质量已无法满足家长和学生的期许。为破解发展难题，历城区采取外迁联动措施打开局面：在彩石片区新建寄宿制高中（共60个教学班），挂牌为“历城二中彩石校区”，纳入历城二中一体化管理，扩大历城二中优质教育资源总量；在洪家楼片区历城五中（普通高中）停止招生，使其逐步过渡为具有54个教学班规模以上的初中；将历城实验初中逐步过渡为具有48个教学班规模的小学（洪家楼三小东校区）；将位于洪家楼片区的原区少年宫改造成幼儿园；争取建设资金将原洪楼高中（多年前停止招生）交由历城三中使用，解决历城三中占地面积不足的问题；逐步实现洪家楼主城区初中与小学一体化管理总体格局，整体推进教学改革，提升教育品质。外迁联动措施一方面整体盘活了片区教育资源，另一方面实现了教育优化升级，提高了片区各类学校的服务保障能力。

“十学区”即在历城二中教育集团的引领下，创新街道中小学管理机制，实施学区制管理，推动城乡教育一体化发展（我区除建成区以外，周边农村街道共计十处）。历城二中教育集团坚持面向集团校输出管理、输出帮扶，推动集团校硬件环境和内在品质的双提升：郭店中学、东城实验小学分别承办全区初中和小学学段学校管理观摩示范活动，成为全区典型；华山学区7所中小学校被纳入历城二中教育集团，近两年增加中小学教师近400人，极大改善了片区师资严重不足的问题。

“勤志文化”引领　推进机制创新

在历城二中教育集团“勤志文化”的引领下，各集团校遵循“全员对接、量质并举、重点打造、分类推进”的原则，共同开展了包括文化融合、管理互促、课程共建、教学联动、人才交流、质量联测等重点领域的有效探索。

以“勤志文化”为引领，构建集团校价值体系。“人生在勤，志达天下”是历城二中的校训，也是历城二中教育集团的核心理念，它涵盖了集团成员学校的整体价值取向和文化底蕴。在历城二中教育集团“勤志文化”的引领下，各集团校将集团文化与校本文化融为一体，干部勤管、教师勤教、学生勤学，“勤志文化”已在所有集团校成员的心里扎下了根，“勤”字当头的教育新生态已在集团形成。

狠抓常规管理，建设集团校现代治理体系。集团内所有学校上下“一盘棋”，聚焦教育质量，狠抓常规管理，全面提升学校治理水平。集团校校长主动走出自己学校的“小院子”，走上教育集团的“大平台”，谋划和助推学校发展。历城二中教育集团建立定向考察交流制度、教学管理会诊制度、专家团队巡回指导制度，定期举办“勤志大讲堂”、管理创新经验交流现场会等，开展年度重点督导评估工作，充分发挥历城二中优质教育资源的核心作用，积极辐射带动集团校互学互助，大幅提升干部队伍的领导力，促进各类学校协同发展。

小初高贯通一体，探索教育教学高质量发展模式。教育集团以优势项目为中心创建校际协作组，各集团校针对学校办学定位和发展实际，确立常规落实项目和创新发展项目，由集团统一管理。在此基础上，遵循“资源共享、优势互补、分类推进、共同发展”的原则，以历城二中为龙头，以优质、特色集团校为基地，坚持统一组织和自主自动相结合的原则，分层分类组成各种项目协作组和发展共同体，整合共享优质教育资源、复制迁移成功办学经验、辐射推广优秀教学成果，实现集团内部发展效益的最优化和最大化。集团实施教、学、研、评一体化，充分发挥集约化资源优势，实施联教、联学、联研、联评，适时开展校际讲学送课、跨校走教、同课异构、联合备课、主题论坛、教育沙龙等活动，实现集团教育教学工作的协同联动和教师专业发展的合作共进。

探索贯通式一体化培养模式。集团积极创新人才培养模式，开放、共享各学段课程资源，支持学生参加跨校交流、综合实践等合作学习活动，充分利用集团小学、初中、高中三学段全覆盖的优势，深入探究集团12年一贯制一体化培养模式。从数学、科学学科入手，在小学高年级和初中阶段为有潜能的学生构建贯通学习课程体系，充分利用历城区少年科学院等机构，引领跨学段教育创新发展。

注重内涵提升　办学成效显著

历城二中教育集团系统施策，全方位推动集团校和优质学区的内涵发展，实施强课提质、强师赋能、强管理扩优“三强”专项行动，以研促训、以研赋能。集团在全国首创区域义务教育教师全员、全科、全程培训机制，推进教研一体化，开展教学“大比武”，构建师资大培训、大教研工作格局；实施“教学新秀—教学能手—名师”梯级培养工程，用教育家精神引领教师成长；探索“互联网+送教送研”模式，赋能教师发展……

近年来，历城二中教育集团在集团化办学、优质学区建设、教育教学质量提升等方面实现了超常规、跨越式发展。集团内共有27所学校成功跻身为济南市领航学校、特色学校、新优学校“三类学校”及培育校，其中，彩石中心小学等17所非建成区学校获此殊荣，集团初步实现了优质片区向街道学校延伸的目标。

接下来，我们将进一步深入探索“教育集团+优质学区”办学模式改革，持续扩增优质教育资源，全域提升办学品质，实现“新建校建一所成一所、薄弱校带一所强一所、偏远校抓一所变一所”的目标，在更大范围、更高层次、更深程度上推动优质教育资源的高位引领，切实办好人民群众满意的高质量教育。

（李新生　济南市历城区政协副主席，历城区教育体育局党组书记、局长）

家校合作的困境与出路

马青林

《中华人民共和国家庭教育促进法》和教育部等十三个部门《关于健全学校家庭社会协同育人机制的意见》相继出台，明确规定了学校、家庭、社会的职责，各种家校合作活动出现。但家庭、社会参与的积极性远远低于学校，合作活动重形式、轻内容、花样多、实效少等现象屡见不鲜，“家长愤怒退出家长群”等极端事件时有发生。如何走出家校合作的困境，充分发挥学校、家庭、社会协同育人功能，山东省庆云县做了些许尝试与探索。

一、家校合作的困境

家校合作由来已久，但程度不深、范围不广，家校之间理念存在差异，有时意见相左，导致出现“5+2<7”甚至“5+2=0”的现象。

（一）家校功能的差异是家校合作的天然影响

家庭的功能一方面是培养生物意义上的人，即保障孩子的吃穿住行，使其健康成长，另一方面是基本完成孩子从“生物人”到“社会人”的转换，即孩子成人后离开家庭，能够懂得社会规则，遵守公共秩序，参与社会生活，成为真正意义的人。而且，家庭教育具有私密性、文化性特点，每个家庭的教养内容、教养方式、教育期望大不相同，难以形成统一的规范。学校教育是有目的、有计划、有组织地对受教育者的身心施加影响，把他们培养成为一定社会所需要的人的活动。在学校教育中，除了有必要的知识教育，还有思想品德教育，以符合核心价值的教育。因此，家庭和学校的差异从源头上影响着家校合作的开展。

（二）角色不同，家校对教育认识有差异

在家校合作中，家庭往往依附于学校，学校在家校合作中起主导作用，而家长是参与者、学习者，家长对于学校有知情权、监督权、参与权。从中可以看出，学校显然处于主导地位，当然，学校也承担着部分政府职责，需要落实国家意志，也正因如此，在落实教育理念、课程方案等方面，学校有着独特的优势，对如何培养人，如何发挥教育功能，如何最大限度给学生施以科学的教育有着更深的理解。与时俱进、科学规范已经成为教育工作者的追求，而家长对教育的了解程度不一，部分家长一知半解，特别是在少子化的今天，几乎所有的家长都是“实习生”，一些家长既没有思想准备，更没有知识储备，在孩子出生后一脸懵，更不要谈教育方法了。

（三）能力不足，影响家校合作效果

在家长心目中，一个好班主任（甚至一个好老师）就是一所好学校。最常见的家校合作是班主任与家长的沟通，这种沟通最直接、最深刻、最全面、最有效。一方面，教师的家庭教育能力不足，开展家校合作的意识参差不齐，部分教师缺乏与家长沟通的能力，把握不好沟通时机，缺乏必要的沟通技巧，导致家长有抵触感；而另一方面，很多家长自己置身事外，把教育责任推给教师，遇到问题更不会考虑教师的感受，缺乏对教师的信任，特别是当孩子受到委屈时，不是与教师形成联盟，为孩子保驾护航，而是将教师视为对立面，使家校合作无法开展。

（四）方式单一，影响家长参与积极性

日常的家校合作活动，大多是家长会、家长学校、学校开放日等集体活动，主角往往是学校，家长只是观众、听众，缺乏存在感和价值感，家校合作成了单向交流，家长没有发表意见的机会，只能被动接受。家委会骨干成员偶有较大的话语权，而这些组成人员往往有着经济地位、社会影响、工作便利等优势，但这部分家长是少数，缺乏群众基础，很难代表所有家长，因此家长个人诉求难以表达，个性需求难以满足。即使在一对一家访中，形式化的家校合作依然存在，教师常常只是提出“重视孩子学习”“监督孩子作业”等泛泛的意见。

（五）客观原因，家校合作困难重重

一是传统的家校观念——教育的职责在学校——一时难以扭转，家长对家校合作的价值和意义认识不足，触动家长的“秘钥”尚未形成，家校合作的最后一公里仍然艰辛；二是学校规模庞大，但学校资源难以惠及所有家长；三是对学校、家庭、社会的合作行为还缺乏具体规定，社会对于家校合作的支持力度还远远不够，《中华人民共和国家庭教育促进法》的弱强制性还需要社会文化的力量予以支持和补充；四是家校合作的界限本身就具有弹性，家庭功能的发挥很大程度上取决于家庭的经济水平、家长素养等个性化的因素，只有双方各向前一步，才能实现家校有效地融合与协作。

二、家校合作的思路与出路

办人民满意的教育一直是教育永恒的追求。山东省庆云县努力开展家校合作共育，家庭、社会参与教育的积极性得以发挥，教育质量显著提升，群众投诉逐年下降，区域教育生态明显改善。在不断探索中，形成了“1+N”家校共育工作体系。2019 年，庆云县家校合作项目获得山东省教育创新优秀案例，在全省推广。

（一）制度建设

2016 年，庆云县出台了《关于加强家庭教育，推进家校（园）合作育人的意见》，从指导思想、目标任务、实施原则、措施途径、组织保障等方面进行了顶层设计，明确教育、妇联、团委、关工委等部门的职责，相互配合，形成了全县齐抓共管的家校合作新格局。此后，相继出台了《关于开展“家长开放日”活动的通知》《关于开展“千名教师访万家”活动的实施方案》《关于加强家长学校建设工作的意见》等若干具体化文件。同时，对相关活动也明确了检查、督导、激励等手段，各项措施得以落地。

（二）组织保障

一是县级层面成立了家校合作领导小组，由教育、妇联牵头，团委、关工委、民政等部门为成员。二是教育局成立了家校共育研究室，实现管理与研究一体化，设置了县级心理咨询室，开通了24小时服务热线。各学校都建立了学校家校共育中心，设置专门人员。三是培育家庭教育教师队伍，采取走出去、请进来等方式，组织家校共育学习，组建了36人的家庭教育宣讲团。从县领导到局领导都十分重视家校共育工作，组建的管理和工作队伍凝聚力强，能力不断提升，为工作开展打下坚实基础。

（三）工作实施

1. 持之以恒，常规工作做实做细。按照《教育部关于加强家庭教育工作的指导意见》和《教育部关于建立中小学幼儿园家长委员会的指导意见》等文件要求，我们研发了家庭教育指导课程体系，组建三级家长委员会，组织开展学校开放日、家长学校、家长课堂等相应活动，坚持规定动作一个也不能少，召开各种形式的现场会、座谈会、各种培训活动，不断发现问题、总结经验，提升认识水平，提高活动质量。

2. 浸润学习，提升教师家长整体素质。任何工作都需要人的积极性和主观能动性，正所谓“事在人为”。开展家校合作，两个方面的工作不可或缺，一是对家校合作的认识，二是具备家校合作的能力。我们依托新网师庆云县线下活动中心开办了“云城沐心”读书会，召集教师和家长共同参与，实现了学校和家庭问题与解决方式的有效衔接，县家庭教育宣讲团成员作为领读团队，共同备课、共同研讨，既有理论研究，又有家庭案例分析。两周一次的读书会间隙，我们还坚持开展日常读书打卡、主题研讨活动，有时我们对一个家庭问题就能热烈讨论几个小时。众人拾柴火焰高，在大家的共同努力下，读书会的所有参与者都有很大收获，一些教师深度反思课堂行为，重新审视自己的教学理念，家长对自己的行为深度剖析，时常感慨泪目。教师和家长的观念在读书、研讨、实践、反思中不断革新，教师的教育行为日益规范，家长的家庭教育方式更为科学。这种浸润式学习和成长方式也被我们以课题形式进行研究，并顺利通过省级立项。两年来，我们共读了《正面管教》《非暴力沟通》《家庭的觉醒》《高手父母》等家教书目，部分骨干教师已经开始在本校、本区域（社区、村）开展读书会分会，引领教师和家长提升素养。目前读书会已经惠及教师200多人，家长3000多人。我们也将读书会运行的经验，在中国教育学会教育行政专业委员会2024年学术年会和2024年新教育实验研讨会上作了分享，得到一致好评。

3. 权责相宜，让家长真正成为伙伴。为充分发挥家长的作用，我们进行了认真调研，确定了以学生成长为核心的基本思路，充分尊重家长，将家长应有的权利还给家长，收到良好效果。一是所有活动，让学生成为核心。招募志愿者是保障孩子权益而不是为教师减负，学校开放日的组织由学生完成而不是学校包办，家长会以学生成长为研讨重点而不是要求家长配合老师，学校图书馆开放旨在提升家长胜任力而不是为学校做宣传……二是赋予家长更多权利。在教育学生问题上，家庭和学校是天然的合伙人；在学校工作中，学校处处尊重家长，认真听取家长意见。特别是在比较敏感的收费、对学生身心影响较大且家长有能力完成的项目上，大胆交给家长委员会处理，这一实践取得了非常好的效果。比如校服征订，学校只提供了有资质的校服生产企业名单，其余所有工作都由家长委员会全权负责。于是，家长委员会成立了专班，分组管理。综合协调组负责全面组织协调，设计组负责设计样式，采购组负责与服装厂洽谈业务并完成售后服务，质量检测组负责质量标准制订及监督管理，统计组负责测量尺寸和收费等工作。家长职业几乎涵盖了所有行业，有服装经营者，有服装设计师，有市场监管人员，有统计会计，等等，家长委员会成员按照职业和专长分配工作，游刃有余。这种方式不但减轻了学校负担，也提高了群众满意度，可谓一举多得。类似这样的项目还有很多，配餐选择、课后服务、假期管理、研学旅行等很多项目，都由家长深度介入。家长有了权力，也就有了责任，有了主动参与的积极性，会将工作看作是分内的事，真正成为学校的伙伴。

4. 活动促进，家校合作异彩纷呈。我们确定了以活动促合作，以活动促发展的基本思路，努力开发活动项目，以点带面，推动家校合作向纵深发展。活动可分为品德养成类、习惯培养类、情绪管理类、劳动实践类、健康运动类等多种形式，在活动开展的同时，家庭、学校不约而同站在了一起，随着活动的不断深入和拓展，家长参与度持续提升，活动效果往往超出预想，惊喜不断。比如“一封家书”活动，我们的初衷是通过互写书信，倡导一种理性的交流方式，使家长走进孩子心灵。但活动中，有的学校发展出师生书信、同学书信、家庭公开信等多种方式，还出现了红色家书、名人家书等相应学习活动，还有的学校倡导家长之间以书信形式交流孩子学习、品德、交往等情况，形成了家庭共读共写互助组。学生通过参与上述活动，不仅与家长实现了情感连接，还与同学建立了互信，在学习名人家书中的励志、省身、修德，实现了自身全方位的提升。教育方式得以改进。

目前，县级层面开展的活动达 20 多种，各学校开发的活动项目达上百种，研学、远足、家务劳动、实践探索等活动空前繁荣，家校合作不断深化。

5. 以诚相待，社会资源发挥积极作用。按照《关于健全学校家庭社会协同育人机制的意见》要求，学校在家校社合作中起主导作用，家庭承担主体责任，而社会各界应该提供积极支持。妇联是家庭教育的牵头部门，有政策支持；关工委有着职责优势；图书馆、博物馆、纪念馆有资源供给。我们与各部门主动对接，挖掘社会资源，开展了卓有成效的合作活动。目前妇联组织的社区家长学校已经成熟；关工委五老志愿者纷纷走上讲堂，为家庭教育贡献智慧；图书馆、博物馆、纪念馆、城市展馆节假日全面开放。工作日，我们安排学校轮流到场馆开展书画展、研学、参观等活动。家长积极参与，在活动对接、学生安全、后勤保障、过程管理等方面强力支持。县家庭教育宣讲团，深入机关、农村、社区、工厂进行主题宣讲，既有家庭教育知识，也有党的路线方针政策宣传，家校社和谐共融，为孩子营造了健康的成长环境。

三、总结与思考

我们的家校合作还处于参与甚至从分工到参与的初级阶段。《中华人民共和国家庭教育促进法》已经颁布实施，但配套的实施细则还不完备。我们开展家校合作活动的频次和效率有待提升，学校、家庭、社会的投入还远远不够，仍有很大的空间。

教育是全社会的共同责任。家庭、社会的家庭观、人才观、成才观取决于整个社会认知水平，家庭、社会责任的发挥，不仅需要学校引领，更需要自身觉醒，家校社合作，需要全社会共同努力。

制度化推进家校合作，需要教育人的情怀与担当。我们的家校合作取得了一定成绩，其中有政策推动的力量，更有一批痴爱家庭教育事业的校长和教师的努力。家校合作周期长、见效慢，需要耐心与坚持。正是这些校长和教师的执着，改善了教育生态，促进家校和谐、社会稳定，教育稳步发展。

（马青林　山东省庆云县教育和体育局党组成员，家庭教育名师）

传承齐文化精髓，培育健康个性人才

孙正军

临淄，曾作为“春秋五霸之首、战国七雄之一”的齐国都城，形成了独具特色的政治文化和经济现象，留下了大量的文物古迹，被誉为“地下博物馆”。古齐国兴盛的经验和失败的教训，并未随齐国历史的结束而消失，而是化作一笔宝贵的文化遗产，留给了仍然生活在临淄土地上的后人。

山东省淄博市临淄区第一中学以“站在传统的肩膀上”“从传统中凝练新智”为发展策略，在校园环境、文化建设、课程开发等方面充分利用齐文化优势，用中华优秀传统文化的力量创建现代学校教育，提升学生的现代素养。

一、从齐文化基因中凝练育人目标

齐地、齐国因“仁而好生，以仁为俗，好让不争，见利而让，以义为尚”，被称为“君子之国”，仁义礼俗，成为齐俗上源。《史记·货殖列传》中说：“（齐）其俗宽缓阔达，而足智，好议论，地重，难动摇……”是说传统的礼教风俗形成了齐人宽容朴厚、通情达理、足智多谋、好发议论的风气和乡土家国理念重、不肯游动外流的习俗。

结合齐文化的这些特质和现代教育发展的要求及初中生的发展需求，临淄一中把“健康个性”作为学校的育人目标。“体壮为健，心怡为康”，健康是一个人的身心和谐，健而不康则生困顿，康而不健则难持久。个性是建立在共性基础上的良好个性，对学生而言，重在认知思维的独特性与成长发展的多样性，只有培养起健康个性的认知思维能力，才可能培养出创新型人才。

二、创造性转化齐文化元素，构建学校文化价值体系

学校“稷下学宫”北侧的影壁墙上镌刻着大大的金文“齐”字，“像禾麦形，大量种子同时萌发”，契合了教育的本质与追求。学生的很多活动大多以此为背景。

临淄一中以“敢为人先”为校训，是受姜太公封齐的启发。《史记·齐太公世家》记载太公在赴国上任的途中，听到客舍中人“时难得而易失”的议论，受到启发与激励，于是半夜整装上路，天将亮时到达封地。此时正赶上“莱侯来伐，与之争营丘”。如果姜太公不抢时机，先到一步，后果不堪设想。“敢为人先”要求我们保持昂扬的精神和饱满的热情，勇于实践，敢于创新，做最好的自己。

以“自主互助”为校风，是对学校传统的传承，让自主互助成为师生的学习生活方式，为学校、师生可持续发展奠定坚实的品格基石。

以“教学相长”为教风，是受《学记》的启发。教学相长是一种平等和谐的师生关系，一种双向讨论的教学方式，一种科学民主的研究氛围。

以“探索求真”为学风，是受《离骚》“路漫漫其修远兮，吾将上下而求索”的启发，鼓励学生在未知领域探索，在已知领域重新发现，追求客观真理和探索未知世界是探索求真的最高目标。

三、从齐文化资源的融合中建设齐文化校本课程

学校依托丰厚的齐文化资源，结合初中生特点，重点开发了环境课程、文本课程和活动课程。

（一）通过环境课程重现中华优秀传统文化的魅力

学校建设了以齐文化元素为特征的校园环境，形成了三进深、三主题

的传统文化校园结构。

第一进为学校门厅，主要标志为四幅大型浮雕，分别是“人文始祖”“管鲍之交”“孔子问礼”“义圣鲁连”。四个主题都与齐文化有关，如孔子、管仲、鲍叔牙、鲁连都是有史可查的齐地与周边一带的志士先贤。

第二进为教学园区，主要标志为“稷下学宫”和日晷。学校把报告厅命名为“稷下学宫”，是对几千年文化的尊重与传承。学校的“一中讲坛”在这里定期开播。教学园区中央，矗立着两米多高的日晷，与地理园一起构成了理想的教学现场。

第三进为教学后园，主要标志为“闻韶书院”。书院内设“朱子家训室”和“澥阳文社”，布置以明清古式书桌、条凳、屏风，墙壁上挂着中国古代的学则《弟子职》，书架上陈列着县志、村志、家训等古籍，是体验中华优秀传统文化、感受古代家风的地方。

（二）以文本课程为媒，感受中华优秀传统文化的温度

学校编写了《稷下人物故事选粹》《徜徉在“齐”味校园》《学以成人》《齐国历史故事》《齐国历史名人》等校本教材，在内容上精选有教育意义的人物故事，注重图文并茂，使学生在轻松阅读中领略古人雄浑睿智的辩才、执着深沉的情感。

（三）在活动课程中体验中华优秀传统文化的内涵

学校每年举行以齐风流韵为主题的“春之韵”大型诗文诵读活动，组织师生到管仲纪念馆、古车马馆、齐国历史博物馆、太公广场等场所诵诗赋文章，把齐国历史故事改编成情景话剧，体验文化精神，感受传统魅力。

学校制定了《临淄一中齐文化体验课程实施方案》：每个学生在初中四年中，至少要熟练掌握200个齐国成语，10个齐文化故事，表演1个齐文化情景剧，参加一次齐文化主题演讲辩论，并作为学生完成初中学业、顺利毕业的“特别要求”。

四、从齐文化价值取向中孕育初中生现代素养

学校从齐文化中重点梳理出三方面思想内涵，即“生死利齐的家国情

怀”“隆礼重法的规则意识”“变革开放的未来眼光”，培养初中生科学、人文的文化基础和富有责任担当的社会参与能力。

（一）生死利齐的家国情怀

齐国贤相管仲认为，一个人的生死应当建立在三个基础上——社稷破败、宗庙灭亡、齐国失去后嗣，也就是整个齐国无以为继了，那么他会为之而死。《晏子春秋》也有类似的记载，共同表达了齐国先人不拘小节、以国家利益为重的大局观念。

我们在教育实践中，重点从以下几个方面加强初中生家国情怀的培养：从爱家、爱校开始。学校以姓氏文化为题，组织学生调查自己姓氏的起源、变迁，寻找本姓氏中的历史名人及其生平与贡献，再由姓氏文化拓展到“寻找家风、家训、家谱”的调查，让每一个学生了解自身的血脉史，增强家族凝聚力，更好地知道“我是谁”“我从哪里来”，树立“大我”观念。

尊重传统、了解民俗。学生通过办手抄报、写感想，了解中华传统节日文化，唤醒共同的民族记忆，激发民族认同感。通过调查本地区的民生民俗，特别是了解不同民族之间的习俗，用文字、图片（包括手绘图和照片）展现家乡人在语言、生产、生活中的特色。

树立责任意识。组织学生开展“爱家、爱校、爱社区”活动，从每天干家务、为班级做一件好事、为社区做一次公益活动等生活实践中，培养学生的理性思维和人文情怀等基本素养。克服以自我为中心的狭隘观念，积极融入家庭、学校、社区生活当中，自觉承担相应的义务，维护集体利益。

（二）隆礼重法的规则意识

齐国在国家治理上礼法结合，形成了“隆礼重法”的风格，其特点就是注重规则。我们在全环境育人的基础上，重点从三个方面培养学生的规则意识。

立足于班级的道德公约，提升初中生遵规守纪的意识。每个班级、级部都成立了“自主互助管理委员会”，制订班级公约，强化自主互助管理。学生在行走、坐立、集合、人际等日常学习生活中懂规则、守规则，争做“谦谦小君子，堂堂小公民”。

立足于学习的认知规律，提升初中生学会学习的能力。学校要求教师不断总结学科特点、知识规律与思维特质，注重智慧生成，引导学生探索本质、发现规律。学校在各年级间推行“学长制”，高年级学生对低年级学生进行学习生活上的指导与帮助。

立足于人生的成长规则，提升初中生自我规划的觉悟。学校为每一个学生发放《成长的脚印》手册，让学生记录自己的每一个成长与变化，感受成长的节奏，接受来自同学、老师、家长的督促，落实好班级公约、校规校纪、社会公德，乃至法规法纪，在学习中找方法、循规律，制订好自己的成长规划。

（三）变革开放的未来眼光

齐文化是变革开放的文化。学校城阙边的门上，写着《管子·正世》中的名言：“不慕古，不留今；与时变，与俗化。”意思是不要依恋过去，不要局限在今天，要与时代一起变化，要与世俗一起改变。

培养创新实践能力。学校建设了“空中农场”“无土栽培室”，为学生提供动手实践的场所。一年四季里，学生在“空中农场”耕耘、播种和收获玉米、小麦、花生、西红柿、地瓜等粮食和蔬菜，观察生长状态，了解生长习性，培养观察、记录、比较等科学实践品质。

培养适应力和改变力。能够预测未来并适应发展，将是学校教育的重要内容。学校建设了以现代技术为支撑的“虚拟空间”和“创客室”，培养学生运用现代科技的能力，让学生发挥自由想象力，用文字、图画等方式展现自己心目中的未来世界、未来生活。

培养全面发展的综合能力。学校成立了阅读、科普、艺体、心理健康、生活指导“五大中心”，并负责该中心的活动组织与开展。学校还积极开展读书成长、感悟自然、生活科技、走向社会、艺体人生、生涯规划、我爱我家、齐风流韵“八大行动”。

临淄一中“站在传统的肩膀上”“从传统中凝练新智”，以厚重的齐文化为背景，以现代素养为蓝图，勾勒宏大的教育梦，成就学生的未来梦！

（孙正军　淄博市临淄区第一中学原校长）

（三）创编阅读校刊，深化学科阅读[illegible]

各学科各年级基于本学科的知识重点、难点内容，[illegible]期刊推荐供学生阅读，如语文、物理[illegible]开有声》、[illegible]半月一期，[illegible]名作细读、美文鉴赏、[illegible]文素养[illegible]子半月刊》[illegible]学生参与编写，[illegible]家人物传记、物理学发展史节选等，旨在引领学生[illegible]感知时代，形成科学思维。

（四）推荐阅读书目，[illegible]

各学科基于国家[illegible]学生阅读指导目录》[illegible]例，高一年级共读《[illegible]》[illegible]高二年级共读《时间简史》《[illegible]》[illegible]相对论浅说》《[illegible]》[illegible]阅读，能有效补充教材[illegible]阅读探索。同时开设阅读[illegible]性指导，解决每个学科的特性问题[illegible]生基于学科需要的阅读习惯[illegible]

（五）打破学科界限，开设主题阅读[illegible]

主题阅读不是局限于单一学科的[illegible]心，创建整合跨界[illegible]合国家课程和校本课程[illegible]同学科和领域的阅读知识融合起来，构建[illegible]主题阅读课程的创制过程中，[illegible]设者确定主题，制订标准、[illegible]中，[illegible]

GONGFUCHA

功夫茶

品饮功夫茶，提炼教学实践、班级管理、家庭教育等之精华，

于细微之处发现教育真谛，于茶香之中探寻教育本真。

一场外科手术般的组织变革

于海龙

学校组织变革一直以来都是颇受学校管理者关注的重要话题，因为这项工作往往具有极强的重要性、迫切性，同时又具有极高的风险性和挑战性。学校管理者若想准确判断学校情况、找对路径制订策略、找准时机推进变革，既需要管理智慧，也需要工具方法。本文将从一所学校的变革出发，尝试探索学校组织变革的路径。

一、一所传统老校的系统变革

北京市海淀区上庄中心小学（以下简称“上庄学校”）1955 年建校，坐落于海淀区西北旺学区，目前一校三址办学，包括两个小学部和一所附属幼儿园，全校教职工共计 150 人，学生 1600 多人。这所成立了近 70 年的学校，在近 10 年中陆续历经了多校合并、增设学段、扩大规模等多阶段发展。

对于这样一所历经改变的“老”校来说，学校的生态和管理结构颇为复杂，如果启动系统变革，必然面临着诸多挑战。然而，在面向 2035 的教育整体规划进程中，将这样一所学校进行教育现代化转变，又是我们必须肩负的使命。因此，纵使困难重重，也必须要变革。

经过一年半的持续探索，我们经过反复调研、系统设计、扎实推进，终于初步完成了这场外科手术般的学校组织变革。

二、变革之初的挑战

一般来说，所有的传统学校在面对变革时通常有以下三种常见的想法和态度。第一种是保守型，拒绝接受改变。“我们现在发展得也不错，为什么要变革？”第二种是自我型，担心个人发展受影响。“变革肯定要破旧立新，对于个人风险太大了，万一利益受损呢？”第三种是缺乏信心型，不相信学校会发生实质性的有益改变。“以前也不是没有改变过，诸如改一下部门名称、发布一个文化体系，换汤不换药，白费力气！”

无论是哪种类型的思维模式，消极面对变革的背后都是个体的真实担忧，其实从人性的角度是可以理解的。而破解的方法，要从“人”出发，看到每一个人的需求，精准找到群体目标，撬动变革发生，并利用人性之善，最终促进变革的完成。

三、变革的阶段与路径探索

学校进行系统变革需要步步推进，根据现实情况随时进行策略调整，运用适当的方法。

（一）通过统一目标找到组织变革的内动力

学校进行系统变革之初，需要统一目标来撬动变革，让集体的一致目标成为改革的内在动力。需要指出的是，学校应统一目标而不是统一思想，否则不利于系统变革的落地。学校在此阶段采取的具体策略包括以下三个方面：

1. 外部策略。

借力海淀班松“冻土”。“他山之石，可以攻玉。”当一个组织陷入“冻土层”时，不妨寻求外部帮助来“松土”。李希贵校长带领的海淀干部班（以下简称“海淀班”）的学员们正值第三年的学习，他们经历了从“0”到“1”的新建学校的打造过程。但李希贵校长还没有尝试过改变一所传统的大规模学校。如果能够让海淀班的学员们有一次见证传统学校转型的学习经历，又能够借助他们的智慧摆脱这所学校面临的困境，岂不是双赢？于是我们邀请了海淀班的学员们参与了学校的变革。

从第一次海淀班入校，老师们就强烈感受到了变革的真实性和力度。老师们都在讲，“李希贵校长真的来了”“还有那么多学校的干部”“这次变革真的跟以前不一样”……

果然在外力的助推下，老师们的态度从一边倒的质疑与反对，慢慢开始产生了松动。

2. 内部策略。

借“速赢”项目聚人心。除了寻求外部帮助，内部也需要想办法凝聚人心。我们竭尽全力地为老师做一些事情，让他们感受到变革带来的积极改变和教师个人的成长。在物质层面上，我们组建了一站式服务中心，为教师的日常工作排忧解困。例如，提高食堂的餐食服务水平，为教师提供洗车等服务，让教师能够从日常繁重的事务性工作中解放出来。在精神层面上，我们积极组织教师外出学习培训，例如组织大家去十一盟校学习，让教师开阔眼界，发现原来好的教育是这样的，唤起教师对美好教育的渴望。

学校在物质和精神层面上的不懈努力，让每一位教师体验到变革带来的幸福感。这时候部分教师开始跃跃欲试。我们意识到，闸门也许就要打开了。

3. 结构性策略。

通过项目分站“上车”。变革一启动我们就成立了 8 个项目组，直指学校变革的各个核心要点——既有战略目标和发展方向、学校核心竞争力方面的价值体系的确立，也有指向师生成长的课程和教学制度的讨论，更有关乎教师切身利益的薪酬和聘任制度的调整。

除了选择切合的项目议题，项目组成员的科学构成对于推动变革也至关重要。项目组主要应由三类人员构成：一是能够引领方向的骨干教师和干部，二是未来可能处在关键岗位的潜在后备力量，三是掌握话语权的校外“意见领袖”。

在越来越多教师加入项目组的过程中，他们其实已经跨入了变革的门槛，成为“先上车”的人。这也就意味着这个集体逐步形成了共识，向共同的目标迈出了坚实的一步。

借助外力“松土”、“速赢”项目凝聚人心，通过项目带动更多教师参与进来，在这些策略的合力作用下，我们逐步实现了全校教师的目标统一，为学校系统变革提供了肥沃的土壤。

（二）通过充分释放过程，逐渐激发人的善意

萧伯纳说过一句名言，直接追求美丽是愚蠢的行为。这句话在变革过程中也同样适用。如果变革者只追求欢呼声和拥护，看似一片祥和，可能会在后续真正实施的过程中付出代价。

在海淀班的支持下，我们始终坚守充分释放过程，不怕暴露问题。在推进变革的过程中，具体做法包括：

1. 借助问题识别工具，重新确立问题观。

我们之前的两次变革经历都是跟随十一学校一分校校长刘艳萍进行变革。我们从中汲取的经验是，变革会持续很长一段时间，尤其是教代会，可能会持续两三个月，这方面我们是有准备的。但作为正职校长引领全面变革，其实我的经验是不足的，而海淀班研发的工具给予了我们关键性的帮助。

在变革过程中，时常会有问题的反馈，但有时反馈者会感性地夸大问题的严重性。比如薪酬办法中关于学科系数的讨论，分歧很大，根本讨论不下去，我们一度陷入僵局。很多老师反映问题很严重。此时，作为校长如果在不了解情况的前提下产生误判、妄下结论或者力排众议，都会起到不好的作用。

于是，我们借用了问题识别工具进行理性分析。首先，厘清这到底是个别人的观点、有些人的观点还是普遍的观点；其次，进一步分析，这究竟是真实存在的问题吗，还是仅仅是情绪的释放而已。

变革行为表现分析表（教代会观察）

言语表现与反应	个别人提出	有些人觉得	普遍认为	情绪/问题	

借助上面表格，教师通过分析发现，有些问题只是个别学科的个别教师提出的，而有些“问题”其实只是“情绪”，通过与教师的针对性沟通进行合理疏导，所谓的问题也就消失了。

2. 挑明立场，真诚对待，直面高利害方案中的关键信息。

作为学校管理者，不回避涉及教职员工切身利益的高利害问题，敢于给过程、给时间充分讨论和倾听，这才是真诚的表现。在学校变革的 8 个项目中，与每个人切身利益相关、最能够暴露人性的，无外乎就是双向选聘和薪酬体系。在漫长的讨论过程中，这两个项目也是讨论最激烈的。此时，我们要尊重人性的善恶，慢慢激发人性的善意。

这个过程中，我们坚持了两个重要原则。第一，坚持反馈机制。整个方案的讨论过程，要求即时反馈。从研制出方案到让教师讨论，要周周有研讨、周周有反馈。反馈中要有意见建议，不管是否形成修订都要进行反馈，并且说明修改的原因。第二，突破关键人物。学校再次借助外力，成立“变革小组”。变革小组由海淀班中经历过传统老校变革、有丰富变革经验的学员组成。他们非常清楚用哪些方法来锁定关键人物、疏导利益相关方，让教师对变革产生共识、转变观念，从而影响更多人。

有时候，教师需要的其实是倾听、释放和尊重。当你愿意花一点时间倾听他们的心声，当你愿意陪伴他们走过一段低谷期，也许你就清楚了他们的诉求，他们内心的善意就能被充分激发出来。

统一目标让变革的发生成为可能。而在变革发生的过程中，真实、真诚地充分释放过程，看到每一个人，激发人性的善，则让变革逐渐落地。

（三）持续关注，防止变革过程出现反复

变革不是一个事件，而是一连串的过程。变革要有一些韧性，才能持续下去。当变革初步走向成功，后续的跟进工作依然很重要。这就如同“翻烧饼”，要反复、持续地关注改革的进程，不断发现问题、解决问题。在这个过程中，除了坚守价值信念，还要依靠工具去解决问题。

1. 坚定整体信心，关注个体反复。

根据“微笑曲线”理论，变革必然要经历一个周期，争论和质疑是避免不了的。从整体角度来看，这个理论在变革推进阶段不断坚定着我们的决心和信心，让我们相信身处低谷也终将会登上顶峰。从个体角度来看，即使变革的每一个步骤都进行完毕，也并不代表所有人都同步同频了，变革的“长尾效应”致使有一部分人还会徘徊、往复，有一部分刚刚走出谷底可能又滑下去了。

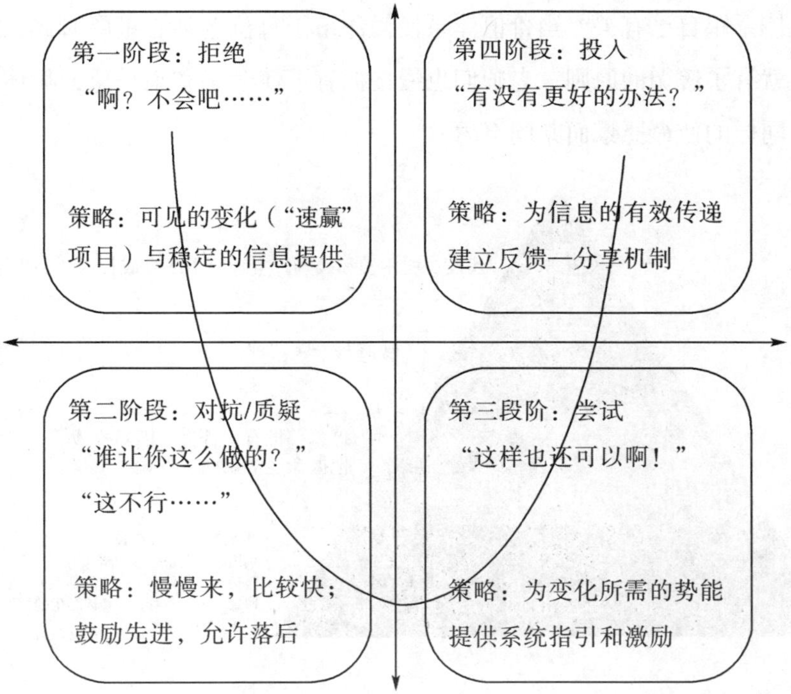

当遇到这些个体时，“微笑曲线”作为一个有效工具，能够帮助我们识别每个人现在的状态在哪里，及时提供个性化的激励或指导，让他快速走出谷底、看见曙光，保持一种积极的状态。

2. 结合实践经验，不断形成价值共识。学校价值体系是很重要的保证变革效果的工具，因此管理者要努力使价值体系成为学校的基础设施。与新建学校不同，他们建校之初就会强调价值体系的重要性；作为一个老校，关注价值体系会让有些老师觉得是喊口号、“画大饼”，与己无关。我们需要从学校发展的重要事件入手，结合实践经验，不断与全体教师进行价值共振、形成价值共识。

在前期 8 个项目里，我们已经在尝试进行价值共识，埋好了“第一粒种子”，但那时候老师们意识不到它的作用。直到变革后期，很多事情出现反复，当路径依赖和反对力量伺机反扑的时候，大家意识到了价值共识的重要性。经历了实践中的种种问题和利益冲突以后，我们再来重新审视学校的价值体系，才意识到价值体系才是最重要的基础设施。它是否对每个人都有约束力？它能不能成为每个人的行动准则？教师是否会觉得学校价值体系跟自己有关？当价值体系慢慢深植于每位老师心里的时候，所有事情就有了遵循的原则，老师们也慢慢拥有了使命感和荣誉感，集体也能朝着同样的使命愿景而共同努力。

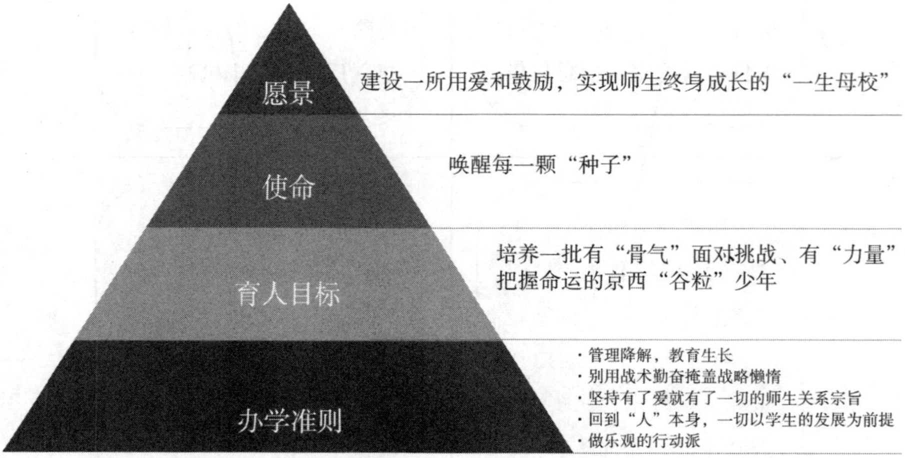

3. 放大学生声音，找到学校方向。李希贵校长曾与盟校校长分享过这样一段话：当你面临抉择举棋不定时，可以用的秘密武器和法宝就是放大学生的声音，当一切为了孩子的时候，全世界都会为你让路。

动物园、游乐设施、十事实办、多样的课程等，都是倾听孩子们的心声带来的改变。当看到孩子们快乐起来、更爱学校的时候，从学校管理者到每位教师都会觉得一切努力都值了。再回头审视我们的迷茫和挑战时，也就知道很多事应该如何做了，因为这一切都是为了孩子。

坚定团队信心、凝聚价值体系共识、一切为了孩子，正是这三块基石牢牢把控住了学校变革。

四、变革带来的启发

上庄学校的这场组织变革，在起始阶段，通过统一目标撬动变革发生；在攻坚阶段，通过重塑问题观、充分释放过程保证变革推进；在完善阶段，通过价值体系等工具避免了变革结果的反复。

每一个阶段都可谓困难重重，但正如《变革的方法》一书中所写：如果不曾亲身投入一场变革，你永远不可能知道自己的潜能有多大——变革会让你打破自己的舒适区，接受全新的挑战，而这往往会孕育无限的可能。表面看变革有痛苦，但是就像“微笑曲线”的规律所示，突破了暂时的痛苦状态就会迎来希望的曙光，变革的亲历者会觉得自己的工作变得更有意义、更有价值了。

外部助推、内部凝聚、构建价值体系、重塑问题观念、挖掘方法工具……除了这些具体的变革方法，作为学校管理者，这次变革给我们带来的最大启示就是不要害怕问题，正是因为有了问题，才给了管理机会和教育机会。

（于海龙　北京市怀柔区九渡河小学、北京市海淀区上庄中心小学校长）

从自主管理实现到班级文化进化

董向东

班级不仅是学生学习的物理空间，也是学生社会化成长的类社会场域。学生处在不同的环境，会成为不同的人。班级建设的水平对学生的发展至关重要，朱永新教授的新教育实验就倡导建设“完美教室”。从某种意义上说，班级的品质就是学校的品质，也是教育的品质。

按照一般的说法，班级管理可分为“人治”“法治”和“文治”三个层次。“人治”是指依靠班主任来管理班级，是班级建设的初始阶段，它的目标是班级的秩序管理；“法治”是指依靠制度、公约来管理班级；而“文治”是指依靠价值观念实现学生的自觉、自律。一方面，这三者本质上不是一个线性关系，而是同时存在于任何一个班级。另一方面，一个班级总体上处在哪个阶段是不同的。如何实现不同层次的稳定跳跃，我认为学生自主管理水平和自主管理过程中文化的沉淀是关键。

学生的自主管理既包括学生个人的自我管理，也包括集体的自主管理，两者既相互制约也相互促进。应该说，所有的班主任都非常重视学生的自主管理，且越优秀的班级或班主任，学生的自主管理水平越高。学生自主管理，既是班级管理的手段，也是提高学生综合素养的途径。那么，是不是把任务分配给学生或者放手让学生做主，就能实现自主管理呢？事实上，要实现学生的自主管理并不简单，它对班主任的教育理念和管理能力要求很高。

一、立足学生立场，把责任、要求转化为内在成长需求

激发学生还是控制学生，这是两个不同的方向。实际工作中，很多班主任总想把学生“管住”，把班级秩序“管好”。面对学生成长中的错误、过失和反复，教师在班级管理中总是充斥着批评、指责和抱怨。有经验的班主任都知道，只抓缺点，缺点不一定变少；而关注优点、激发内在的正向成长，却可以让学生有不同的感受。

班主任工作的意义不是为了学校管理、教学管理而管理，本质的意义是服务学生、发展学生和成就学生。苏霍姆林斯基任中学校长期间，曾发生过这样一件事：

校园的花房里开出了一朵很大的玫瑰花，全校的同学都非常惊讶。一天早晨，苏霍姆林斯基在校园里散步，看到一个4岁左右的女孩在花房里摘下了那朵最大的玫瑰花拿在手中，从容地往外走。苏霍姆林斯基问：“孩子，你摘这朵花是送给谁的？能告诉我吗？”小女孩说：“奶奶病得很重，我告诉她学校里有一朵大玫瑰花，奶奶有点不信，我现在摘下来送给她看，奶奶看完我就把花送回来。”听了女孩的回答，苏霍姆林斯基牵着小女孩，到花房里又摘下两朵大玫瑰花，对女孩说：“这一朵是奖给你的，你是一个懂事的孩子；另一朵是送给你妈妈的，感谢她养育了你这样好的孩子。”

面对小女孩摘走花房里刚开的最大的玫瑰花，如果站在学校管理者的立场，我们可能会说：“谁让你摘的，你不知道这是学校的财产吗？你不知道这是破坏公物吗？你不觉得这样做很自私吗？你说奶奶看后送回来，送回来还能长上吗？如果每个人都想把学校的东西拿回家，那么学校一天就会被搬空，马上放回去！”

分析苏霍姆林斯基的处理，他看到“问题”，没有基于经验和猜测，也没有基于管理者的身份而生气，而是与小女孩平等交流，尊重小女孩善良而纯真的动机，不但没有批评，反而通过再送两朵花来表达对孩子纯真

善意的奖励。不同的处理，必然会收到不同的结果，苏霍姆林斯基这种以爱育爱的处理方式，是基于学生立场的教育，让人感动。

班级，不仅是班主任的，更是学生的，是学生生活成长的“家”。关于“家”中的成员如何对待家的问题，我们可以和孩子一起思考爸爸、妈妈以及学生自己是如何对待自己“家”的。把班级建设成为“最美的家”，应该是学生和教师共同的愿景。什么是“最美的家”？每个“家庭成员”应该如何维护这个“家”、奉献这个“家”？基于这样的立场和愿景，学生才能成为班级的主人，才能从“被要求、被限制”转变为“主动、愿意”。

尊重学生、相信学生、依赖学生是班级建设中践行学生立场的基本体现。基于此，民主、平等、责任也就成为班主任工作的原则。人人有事做、事事有人做也就成了班级的基本样态。工作中，我通过自愿竞标的方式，让每个人尽可能承担一项“公职”，经常开展“自我尽责”和“相互成全”的交流，定期自由交换，彼此培训。我们组建自我管理小组，通过小组实现“公职”的相互提醒、相互协助和成长交流。我们组建班委体系，分班长、体育部、学习部、生活部、文艺部、心理部、安全部、活动部、校产部、劳动部、纪律部、学习部、合议庭、督察部，让学生各自统领一部分“公职”，并与小组“反馈”，形成了班级的组织体系。

以班委为例，有部长、副部长、成员若干，成员多为承担此方向公职的同学。他们针对班级的主要优化点，承担各自的工作。比如班长，每天一个，我一般设立 5 个班长，比如周二的班长，除把周二这一天的班级工作维护好之外，还要将工作信息进行汇总，利用周三至下周一的时间，对这些信息进行反馈，该提醒的提醒、该表扬的表扬。比如心理部，哪位同学有较大的情绪波动，或生气或兴奋，他们就要去了解。比如合议庭，哪里有争议、冲突，他们就到哪里工作。比如督察部，就是对干部们是否尽责、是否公正公平等进行监督。

班级建设是一个系统工程，每个学生都承担公职、小组化管理、班委，就是从不同的维度、不同的切口对班级系统建设的承担。单项或单人的工作是“点”，一级组织或多个人的工作便形成“线”。“点”的优化带来“线”的优化，“线”的优化也促进“点”的优化。如何收作业、如何排座位、如何保持教室卫生、如何活而不乱地上课、如何高效组织班级活动，从微观角度看，这些都是“线”，它们下面还有更小的“点”；从宏观角度看，这些又都是“点”，它们共同组成了班级建设的“线”。这些组织、机制的确立，为学生的自主管理奠定了基础。

二、聚焦规则意识，在“立”“破”迭代中走向文化沉淀

任何管理都需要组织、机制和制度三者结合。学生自主管理不是学生自由管理，而是有依据、有标准地管理。根据班级建设需要，制订工作规则、工作纪律是必要的。每个岗位要有工作内容和工作标准，每个小组要有自己的合作约定，班委要有明确的工作职责、工作流程和面向全体学生的约定。

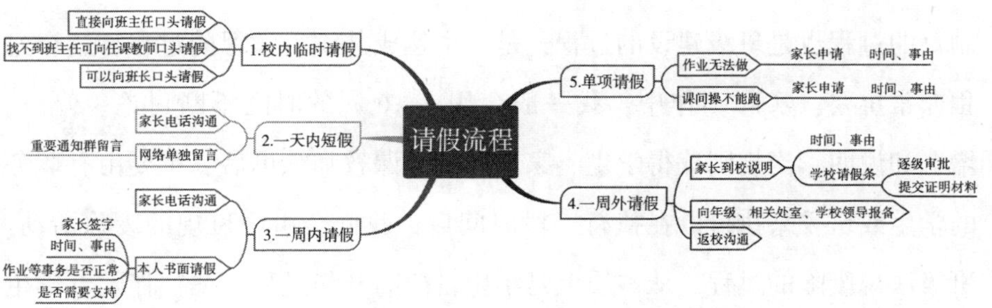

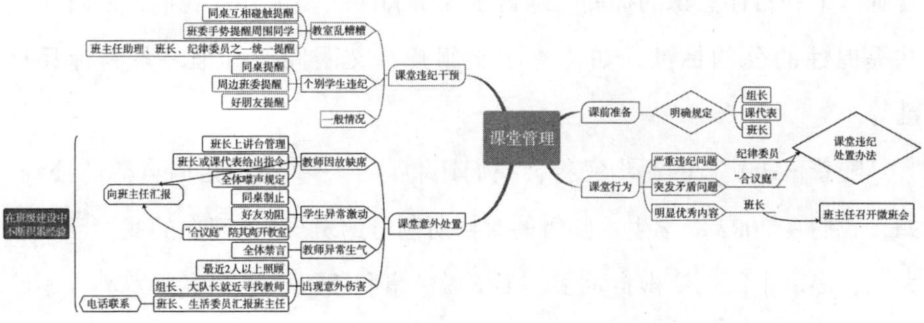

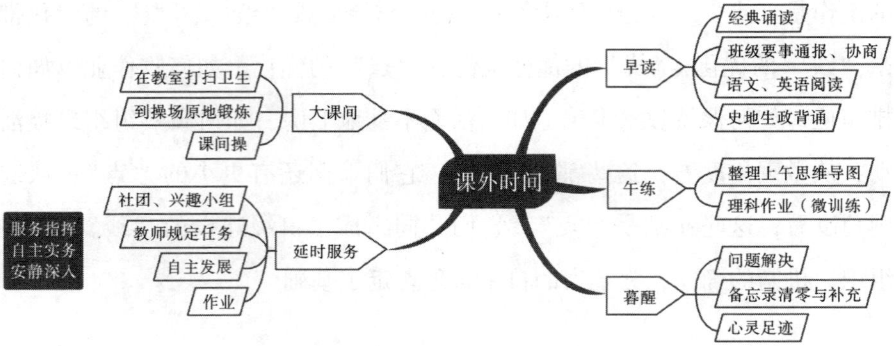

班级公约一定要由学生的共同商定，应该得到大多数同学的认可。当然，获得家长的认可也是非常重要的。班级公约的产生过程很重要，一定不要照搬别人的，甚至是自己以往班级的公约。陶行知先生曾说："有的时候学生自己共同所立之法，比学校所立的更加易行，这种法律的力量也更加深入人心。"

当然，随着班级建设的发展，班级法规也应逐渐进行优化。班级初建阶段，班级建设主要聚焦在岗位职责、工作流程和底线要求上。班级公约制订的过程也是班级建设的过程，是一个达成共识、学习的过程，这个过程非常重要。实际工作中，我一般会用 4—6 周的时间不断讨论、修订、增删和说明，当规则获得学生、家长以及任课教师认可后，主要由有职务的学生或班委来执行。在执行一段时间后，我们会组织班规的废除活动。班级法规废除的过程，从本质上是学生自律的升华过程，往往伴随着学生自觉水平和自律意识的提高。除常规要求和底线要求外，我们还制订了一些提倡性的公约标准，如优秀小组组规、文明同位标准、各类标兵标准等。

随着班级建设的逐步完善，我们还制订了一些逐渐指向自律的公约。如，我们在 2002 级学生八年级的时候所制订的班规："现在的我，已经长大了、懂事了，也变得自觉了。不该做的事我不做，不让老师费心，不给班级丢人，不给别人添麻烦。我会努力让别人因我而快乐，让班级因我而美好，让老师因我而自豪，让社会因我而进步，让世界因我而更美好。每天早上我都会规划一天的生活，每个月我都会明确自己成长的步伐，每个学期我都有自己的精彩。我会做好预习、听课、复习和作业，我会做好一周复习和自我检测。我会做好我的班级工作，我会对家人表达我的爱，我会为自己骄傲!”这类公约，虽然比较宽泛，但更具有使用的广泛性。公约的不断迭代，必然是从他律走向自律的。

班级法规本质上不是对学生的约束，而是价值观念、行为准则、道德品质、精神追求、审美趋向的选择和认同。比如，2006 级学生在 8 年级的时候，从《论语》中选择了 30 句话作为修身言行的准则。2012 级学生则把张岱年教授总结的中华民族的传统美德体系作为自律的标准。

伴随着同一个班级在不同年级学生自主管理意识、水平的不断提高，为优化管理、巩固班级建设成果，部分班级管理的惯例、流程和内容逐渐固化下来，极大促进了班级自主管理水平的提高和优化。必须强调的是，除上述常规性、秩序性、标准性方面的内容需要固化外，价值观念方面的共识更需要不断沉淀和迭代。

三、围绕日常生活，从价值观念到行为选择实现自律自觉

班级建设的本质是文化的建设。班级文化既是班级发展的果实，也是班级进一步发展的种子。班级发展的过程也是文化不断沉淀的过程。没有班级文化沉淀的班级建设一定是盲目的、方向不明的。学生自主管理中，班主任的调节、引导和权衡，其依据就是价值观。

班级是由班级目标、班级环境、班级风气、班级制度、班级活动、师生关系以及生生关系等组成的文化综合体。班集体成长与发展的核心是师生在共同的学习生活中形成的、共同承认并遵守的道德认同、精神追求、价值观念、审美趋向和行为准则。

班级文化建设不是简单的班级装饰和墙壁张贴，它体现在学生言行中的是非、善恶、美丑、好坏、优劣和荣辱等。从这个意义上说，班级文化无处不在、无时不在，学生的一言一行以及背后的缘由都是文化的体现。

学生在自主管理过程中，是否愿意承担责任，是否愿意支持别人，什么该做、什么不该做，本质上都是价值观念、道德品质的体现。班级自主管理过程中的所有问题，都可以通过是非、善恶、美丑、好坏、优劣和荣辱的分析找到方向。班级自主管理的实现，取决于班级中每一名同学对日常生活中是非、善恶、美丑、好坏、优劣和荣辱的标准认同和行为践行。班级自主管理的实现依赖于良好的班级文化，良好的班级文化促进班级的自主管理，而且两者相互促进、相互制约。

倡导自主管理的班级，个人公职履职就像“法家”，以己之力、钉子精神捍卫班级秩序，体现自己的优秀；班委履职就像“儒家”，以“忠恕”为要，确保班级建设条块的稳定；班主任的管理就像“道家”，坚守民主、相信学生，而不枉为。自主管理的工作中心主要表现在两个方面：一是透过表现进行价值观、精神追求、道德品质的引领；二是充分尊重、理解、支持每一个学生。价值观的教育，不是阶段性的，而是持续性的，是渗透在学生日常生活中的。当然，学生的发展，不能动不动就贴价值观的标签，不能用价值观来对学生进行评价，这是错误的。

班级管理，要避免对学生的言行进行终结性、固化性的判断，而是积极进行价值观的引导，促使其远大理想信念的树立以及自我发展动力的激发。

班级管理，尽管烦琐和艰辛，但倡导自主管理，重视价值观的引导，从知情意行角度逐步提升个体和集体，无疑是班级建设的主线，是立德树人根本任务的落实，也是促进学生核心素养发展的关键。

（董向东　东营市实验中学辽河路校区副校长）

和悦智慧校园教育数字化转型下的『未来学校』

王立新

未来学校什么样子？我们应该给学生一个怎样的学习生态才能适应未来的发展？我们要培养学生怎样的能力与素养？这是很多人一直在关注的问题。

党的二十大报告强调“推进教育数字化”。教育数字化是我国开辟教育发展新赛道和塑造教育发展新优势的重要突破口。进一步推进数字教育，为个性化学习、终身学习、扩大优质教育资源覆盖面和教育现代化提供有效支撑。《教育信息化 2.0 行动计划》指出，构建智慧学习支持环境。大力推进智能教育，开展以学习者为中心的智能化教学支持环境建设，推动人工智能在教学、管理等方面的全流程应用。在智能生活时代，教育如何进行数字化转型，构建适合学生未来发展的教育体系呢？青岛西海岸新区双语小学近十年的数字化探索，提供了未来学校发展的模式框架。

一、和悦智慧框架体系

和悦智慧教育是以智慧教育平台为载体，以互联网、物联网为联通方式，以智能采集、智能分析、智能诊断、智慧推送、智能构建为手段，以云计算、大数据分析、区块链、云存储为支持模块构建的学校智慧化模块群。本体系建构在对党的教育方针、国家育人目标、学生发展核心素养、德育培育、智能时代分析、未来生活预见的深度分析与整合设计的基础上，形成全空间、全育人、全发展的教育体系。

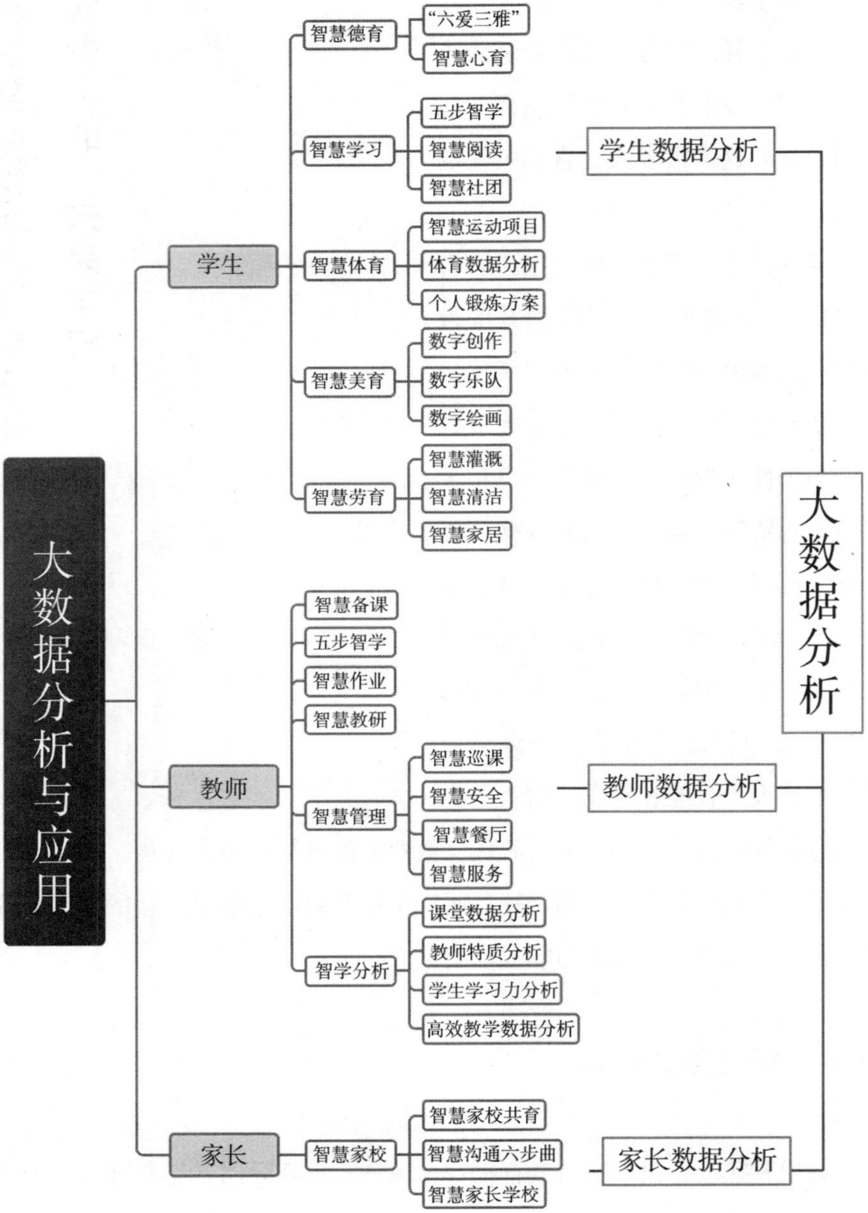

和悦智慧教育基于德智体美劳五育并举，结合心理健康与家庭教育双向构建，建成了以德、智、体、美、劳“五育”并举为主体的学生智慧成长体系，以智慧备课、五步智学、智慧作业、智慧教研、智慧管理为主体的教师智慧育人体系，以及以智慧家校为主体的家校共育建设体系。本体

系贯穿学生、教师、家长三方互建，形成了基于大数据分析、一对一指导、“五育”并举、全面发展、个性成长的设计结构。形成了由智慧管理、智慧德育、智慧教学、智慧体育、智慧美育、智慧劳育、智慧心育、智慧家校、大数据分析、智慧评价组成的和悦智慧教育框架。

学校智慧管理借助已经建设好的管理平台进行安全管理、巡课管理和餐厅管理。安全管理是利用智能轨迹分析系统，对学生在校行为进行监管，通过校园轨迹大数据算法，分析出每个学生在学校的行为特征和运动区域，确保每个学生的校园安全；巡课管理是利用在线巡课平台进行全时空巡课评价，分析每位教师、每个班级、每个年级的管理亮点、问题和建议；餐厅管理则利用学校自主研发的“餐厅管理七步曲”进行智慧监管和营养配餐，借助学校整合设计的大数据营养配餐系统对每周餐谱进行营养调配，使餐谱既满足学生喜好，又营养均衡。

智慧德育以“六爱三雅”德育体系为主线，通过 App 和小程序实现德育培育的随时数据采集、人人数据采集和处处数据采集，对学生德育成长进行全天候指导，实现学生成长数据累计，对学生进行数字画像与成长写实。

智慧教学包括智慧备课、五步智学、智慧作业和智慧教研四个方面。通过调用备课平台的课程标准、备课模板、要点分析、备课资源、分工安排等，实现全时空同步或异步备课；通过学情智诊断、课堂智活动、教师智引领、达标智检测、资源智推送五个环节，实现智能导学与精准数据分析，推送一对一学习方案；通过智慧教研平台，调入课堂复盘视频，借助课堂大数据分析，进行基于主题式或问题式智慧教研活动。

智慧体育方面，学校建成了全智能操场，实现了 50 米、100 米、仰卧起坐、立定跳远、实心球等小学体育运动项目的智能化采集与视频回放复盘，设计了“六环二建”体育运动诊断模型，实现了对学生每个运动项目进行大数据分析与诊断，提供精准解决方案和一对一体育运动锻炼方案。

智慧美育包括数字创作、数字乐队和数字绘画。基于学校学习终端，成立了数字乐队研究中心和数字艺术中心，创建了线上数字美术馆和展绘平台，通过自主研发的艺术素养分析模型，从艺术意识、艺术理解、艺术欣赏、艺术创作等方面进行大数据分析，提升每位学生的艺术素养。

智慧劳育借助学校人工智能科创中心，通过分年级分学段的劳动体系设计，实现了自理劳动、学校劳动、家务劳动、社会劳动一体化智慧设计和对劳动素养的大数据分析。

智慧心育是基于智慧心育平台、AI脑电生物反馈系统和AI智能伙伴研发的心育护航“两诊四步一对话”干预模型，实现对学生基于大数据分析的心理呵护。通过学校智慧心育平台进行初步诊断与数据分析，形成了全校学生心理测评的预警画像；对预警出来的二级高危预警学生，利用AI脑电生物反馈系统进行二次诊断与大数据分析，提供智能干预策略。在心理干预中，学校为学生提供AI心理伙伴，提供随时地私密性心理调适与对话，全天候关注并疏导学生情绪，确保学生心理健康、快乐成长。

智慧家校包括家校共育、智慧沟通六步曲、家长学校。通过构建智慧家校实现与家长的全天候沟通、学生培育与学习成长共管，家长能随时了解学生学习情况及在校表现，第一时间处理出现的问题，使所有问题解决在萌芽中。

大数据分析是学校智慧教育的核心模块。学校开发了1463新教师教学行为数据分析、3163课堂教学大数据分析、9331教师特质数据分析、学生学习力数据分析和全育人高效教学数据分析等大数据分析模型和算法，从教师教学行为、课堂教学策略、教师特质风格、学生学习能力构建、高效教学实现路径等五个方面进行大数据分析，并对分析出的问题提供一对一解决方案。

二、和悦智慧教育特征

和悦智慧教育构建基于为党育人原则、德育为先原则、全面发展原则、精准指导原则和个性成长原则，突出了以下几个特征：

(一) 立足中国大地办教育，为国家培养有用人才

和悦智慧教育以习近平新时代中国特色社会主义思想为指导，立足中国实际办教育，办人民满意的教育，致力于为实现中华民族伟大复兴培育人才，是落实中国特色社会主义教育体系的具体体现。

(二) 基于国家育人目标，培养德智体美劳全面发展的社会主义建设者和接班人

和悦智慧教育致力于国家育人目标的实现，培养德智体美劳全面发展的社会主义建设者和接班人，培养有理想、敢担当、能吃苦、肯奋斗的新时代好青年，教育的一切活动都以此为出发点。

(三) 基于立德树人根本任务，把德育培育作为教育的立足点和出发点

和悦智慧教育把德育培育作为根本任务，借助“六爱三雅”德育体系开发了智慧德育成长系统，实现学生、教师、家长、社会四维德育共建，让学生的优秀品格随时可见。

(四) 实现智能技术全链条、全要素构建与一对一学习方案

和悦智慧教育的主线是智能技术融合与大数据分析，对教育教学全要素进行智能化设计，利用大数据分析实现学生一对一学习方案和精准指导，为每个学生提供个性化学习方案与成长方案。

(五) 把培养每个学生的特质和闪光、实现学生个性发展作为目标与归宿

和悦智慧教育旨在培养全面发展的人，对每个学生进行个性培育，提供个性化学习方案与成长方案。在这里，没有后进生，只有具备发展特质、个性闪光的学生。

三、和悦智慧建设路径

和悦智慧教育遵循了政策引领、框架设计、团队培育、模型建构、实践检验与成果应用的设计路径。

（一）文献检索与国家政策分析

学校项目组检索了中外 86 篇与智慧校园相关文献，学习分析了自 2012 年全国教育信息化工作电视会议上提出建设“三通两平台”的国家政策文件和教育信息化文件，学习了教育方针、育人目标、新课改等相关文件，提取了智慧校园的基本特征，形成了学校智慧校园建设的理论指引。

（二）顶层设计与框架构建

结合文献研究与对未来教育的特征把握，学校设计了由智慧管理、智慧德育、智慧体育、智慧心育等 12 个模块构成的框架体系，分析了每个模块的智慧化集成方式与大数据分析手段，建立了每个模块的实现路径。

（三）团队培育

学校利用“价值与理想统一法则”组建了 12 人未来梦想团队，实现了教师的理想统一、价值统一、学习统一、研究统一、行动统一，使每个人在三个月内成为所负责智慧模块的中坚力量。

（四）模型建构

智慧教育的核心是智能技术与教学本质的深度融合，反映了课堂的内涵与本质，形成了基于课堂教学本质的课堂模型和大数据分析模型。半年的时间，设计完成了 1463 新教师教学行为数据分析、3163 课堂教学大数据分析、9331 教师特质数据分析、学生学习力数据分析和全育人高效教学数据分析五大数据分析模型，为学生学习、课堂教学、教师发展提供了大数据解决方案。

（五）实践检验

学校对 12 个智慧模块和五大数据分析模型进行了长达 2 年的实践研究，采用对比实验进行分析，利用 SPSS 分析法检验每个算法的效度和信度，均取得良好的效果。

四、未来学校特征

和悦智慧教育构建了未来学校的雏形，为学校发展提供了全新思考与借鉴。未来学校有哪些特征？我们应该从哪些方面设计未来学校的发展方向？以下 8 个特征从一定程度上为未来学校发展提供了设计思路。

（一）全空间智能设计

未来学校以智能技术与大数据分析为手段，实现全链条、全过程、全要素、全空间智慧设计，借助多样化终端实现人人皆学、处处能学、时时可学的学习生态。

（二）全智能数据采集

未来学校的重要资产是数据，这些数据不是来自教师、学生、家长的自主操作，而是来自智能终端的全智能采集和无感采集，实现学生成长数据的全时段追踪、捕捉与获取。

（三）精准的大数据分析

学校获取海量数据后，要利用分析模型对数据进行清洗、集成、转换、精简、可视化分析，分析数据背后的本质问题，建立数据与问题的底层关系和关联逻辑，形成针对问题的数字实证。

（四）基于数据分析的一对一成长方案

获取了学生的海量学习数据后，学校将从德智体美劳等方面进行基于相关算法的大数据分析，研究每个方面的数据变化曲线，针对数据曲线进行问题分析与归因解析，建立每个模块的一对一学习方案，最后形成每个学生的个性化成长方案。

（五）每个学生都有一个适合自己的 AI 学伴

随着 ChatGPT 等大模型的出现，教育大模型将成为助力学生自主学习和个性学习的重要方式，每个学生都会拥有一个适合自己的 AI 学伴，以解决学习中随时遇到的各种问题。

（六）随时随地的全空域学习

未来学校构建了校园每个空间的智慧学习环境，投放了不同学习内容的采集终端、分析模型与集成系统，让学生在校园的每个角落随时学习，学习的每个过程都会被智能获取并进入学生成长系统，形成学生发展画像。

（七）根植国家育人目标的全面发展设计

学校立足中国实际办教育，办人民满意的教育，立足于为党育人、为国育才，培养德智体美劳全面发展的社会主义建设者和接班人，构建全面发展的教育设计。

（八）德育为先的理想构建与生涯规划

教育的根本任务是立德树人，要坚持不懈用习近平新时代中国特色社会主义思想铸魂育人，着力加强社会主义核心价值观教育，引导学生树立坚定的理想信念，永远听党话、跟党走，矢志奉献国家和人民。从小学开始建立学生的理想规划和价值体系，帮助学生设计生涯规划，使每个学生成为有理想、敢担当、能吃苦、肯奋斗的新时代好青年。

五、从双语小学教育数字化转型得到的启示

青岛西海岸新区双语小学从 2016 年出台第一个学校信息化三年发展规划，坚持用教育信息化引领教育现代化，推动教育高质量发展，全面构建和悦智慧教育，从中我们得到了以下启示：

（一）教育需要预见，是校长教育思想的远方指向

教育的发展需要一批先行者，带着对教育无限的责任与使命，根据社会发展趋向对教育发展实现长远化预见。这种预见最快的落地方式是教育预见，与校长的教育思想不谋而合。双语小学智慧教育得以快速高质量发展源于杨世臣校长教育思想的指引，杨校长的坚定不移与全力支持是和悦智慧教育全面发展的重要基础。

（二）教育需要坚定的信仰、不怕吃苦的毅力与精神

教育需要梦想，更需要信仰，这是应当付出一切去追求的价值理想，是教育生命的终极成就。这种信仰表现为不怕吃苦、无所畏惧、坚持不懈、追求卓越。双语小学智慧教育团队就是这样一群人，有统一的价值理想、统一的规划设计、统一的工作追求，从而使每一项研究、每一份工作都超乎期待完成。

（三）教育需要统一价值文化的团队构建

团队建设是决定课改走向的重要方面。双语小学在团队遴选与建设中遵循了“价值共建、成就不遗憾”原则，用心理学方式对潜在梦想者进行梦想唤醒、价值构建、规划设计、成就期待，使每个人心中有远方、脚下有路径、生活有期待、未来有成就。

（四）教育数字化转型需要知识的多样化储备与集成设计

教育数字化转型是一项综合工程，不只是对智能技术的教学投射，更是教育全方位体系在智能技术融入下的综合变革。这就需要核心团队要学习教育学、心理学、国家政策、哲学、课程标准、智能技术等多方面的知识，才能在数字化转型中把准方向，走深走实。

（五）教育数字化转型需要多方资源整合、合作共建、成果共享

教育数字化转型是对教育全要素、全链条、全方位的重塑，是构建一个新的教育生态，给学生提供全新的学习方式。这需要整合教育链条上的各种资源，包括建筑空间设计、教室空间布置、智能技术研发、课程资源开发、课堂教学模式、学生评价方式等。学校要与多方建立合作、共研、共建关系，以实践促研究，以研究带实践。

教育数字化来了，这是一场伟大的教育革命，是一条必须走且必须走好的改革之路。教育者没有选择，为了实现中华民族伟大复兴，我们只有披荆斩棘、勇立潮头，才能对得起“教师”二字。

（王立新　青岛西海岸新区双语小学教育集团智慧教育负责人）

学校德育：链接教育科研

王永军

习近平同志指出，职业教育是国民教育体系和人力资源开发的重要组成部分，是广大青年打开通往成功成才大门的重要途径，肩负着培养多样化人才、传承技术技能、促进就业创业的重要职责，必须高度重视、加快发展。要树立正确人才观，培育和践行社会主义核心价值观，着力提高人才培养质量，弘扬劳动光荣、技能宝贵、创造伟大的时代风尚，营造人人皆可成才、人人尽展其才的良好环境，努力培养数以亿计的高素质劳动者和技术技能人才。

如何培养中职生具备过硬的专业技术技能、良好的职业素养、强烈的社会责任感？近年来，济南市工业学校围绕“责任在心”核心文化理念，积极探索将学校德育和教育科研有效衔接，大力实施基于全岗能力的“四维德育”“大德育”模式，取得了显著成效。

面对当前形势，培养什么人、如何培养人，是中等职业教育面临的首要问题。解决好这个根本问题，必须顺应时代发展，符合人的全面发展要求；必须完成三项任务：为学生的终身发展打基础、为学生的继续深造打底子、为学生的就业创业作准备；必须遵循现代教育的理念，育人为本、德育为先。“德”乃为人之本。从一定意义上讲，学生是中等职业学校的“产品”，更是中等职业教育的“名片”。真正的人才标准应该是品德、知识、能力和业绩的综合考量。经过长期的探索和实践，我们为这张“名片”赋予了三层内涵：过硬的专业技术技能、良好的职业素养、强烈的社会责任感。这也是学生适应未来岗位的全能要素。近年来，济南市工业学校围绕“责任在心”核心文化理念，大力实施基于全岗能力的“四维德育”“大德育”模式，取得了显著成效。“四维”即常规德育、责任课程、学生社团、主题活动；“全岗”即基于工作岗位需求的全部能力。具体而言，就是通过常规德育，培养良好的行为习惯；通过责任课程，培养责任意识；通过学生社团，拓展综合素养；通过主题活动，内化道德意识，最终达到培养“全岗”人才的目标。

一、做法与过程

济南市工业学校是2007年将平阴县职业中专、教师进修学校（成人中专）、农业广播学校、卫生学校、劳动技校等县域内五所职业教育机构进行跨行业整合，异地建成的一所现代化、综合性的中等职业教育学校。学校实行一个中心、多块牌子，人财物等资源由中心统一管理。学校的核心德育理念是“责任在心”，构建途径是学校德育建设与教育科研一体链接。

我们之所以选择“责任”作为学校德育建设的核心要素，主要基于以下几个方面：一是从学校整合的特质来看，其显性因素是人、财、物的整合，更深层次的是理念、德育的整合。整合初期，人心的融合需要一种精神，这种精神就是“责任”，各尽其职，各负其责。二是从中职学校培养目标来看，我们主要担负着为国家和社会输送一线产业工人的任务，他们有无社会责任感、敢否担责，事关国家的前途和社会发展。三是一所新建职业学校要想发展壮大，必须有自己的特色，竖起自己的品牌和旗帜。经过全方位的研讨和论证，我们把“责任在心”作为学校的核心价值理念，多维度、全时空构建学校责任德育，打造富有浓郁地方特色和职教精神的责任品牌学校。首先，我们对“责任在心”进行了阐释，即责任无处不在，责任重于泰山。济南市工业学校是一个负责任的学校，为学生修技成才负责，为教师成长发展负责，为社会文明进步负责。学校每位成员都是负责任的成员，为国家兴亡立责、为经济繁荣担责、为学校发展尽责、为家庭幸福负责、为人人进步履责。修技在手成就未来，责任在心提升境界。在此基础上，学校进一步明确“三风一训”，初步形成核心价值体系。其次，我们遵循“理念先行”的原则，我们花大力气对责任德育建构进行顶层设计，从理念、环境、制度、活动、课程等五个维度逐步展开，以期实现理念深入人心、环境富有特色、制度更具规范、活动自成体系、课程校本化。但在具体实践中却发现存在诸多制约因素。一是缺乏有效的团队认同。执行与管理的前奏，是团队认同。有效解决全校师生对责任理念的认知和趋同，调动团队成员践行责任意识的积极性和主动性，是学校面临的主要问题。二是构建体系过于庞大，操作难度较大。整体构建涉及学校运行的方方面面，难免会出现顾此失彼的问题，德育细节的落实存在误差。三是管理与执行人才的缺乏。德育建设科学性、系统性较强，对管理者、执行者的要求较高，提思路、搞策划、抓落实，都需要具备相当能力水平的人才。而这正是我们的短板所在。

面对困境图破壁，我们一直在思索、在寻找。2010 年，我们加入了由北京青年政治学院刘世保教授主持的教育部重点课题“增强学生社会责任感的公民教育实践模式研究”。在选择课题研究方向上，我们最终确定为“中职学校责任教育课程实践模式研究”，将德育建设聚焦于课堂，解决了德育建设“主阵地”的问题。选择这样一个方向，虽然比较繁杂，但具有同向性特点，即培养富有责任意识的企业一线技工，这就要求整合德育、专业、校本课程，将责任教育贯穿于各类课程和课型之中，最终形成德育合力。课堂在学校教育中居于核心地位。学校德育建设的原点在课堂、基点在课堂，课堂必须承载学校德育元素，成为德育建设的主阵地。德育建构中师生互动十分重要。课堂是师生共同建构和互动的时空元素，而学校德育的建构离不开师生的互动和交流。将学校德育置于师生的交流、互动环节，才有可植入、能创造、可持续的动力和源泉。

经过长时间的探索实践，我们形成了“四课并驱 三元导控”的责任教育课程模式。“四课并驱”，即整合四种课型，关注学生成长的每一个细节，为学生未来职业生涯奠基。德育课及专业基础课会充分挖掘教材知识系统中的责任元素，从不同层次、形式、领域、角度进行归纳提升，在其中渗透责任教育。专业及实训操作课是在实训课堂上，贯穿对学生岗位责任、职业认知、操作规范和岗位安全教育。人文素质课程整合了“人文教育特色课”“综合素质拓展课”“就业指导课”三门课程，强化责任教育。校长大讲堂从人文关怀的角度，以更高、更全面的视角关注学生全面成长，引领责任教育向纵深发展。“三元导控”即构建责任教育课堂评价体系，从教学管理的角度出发，在实施过程中对教学目标、教学手段、教学评价进行三元导控。目标导控注重自律性，手段导控注重针对性，评价导控注重激励性，共同推进责任教育的有序、有效进行。

目前，该项课题已经顺利结题，并结集出版了《责任教育（人文篇）》《综合素质拓展训练课程（体验篇）》《责任在心（理念篇）》《责任突围（实践篇）》和建设经典案例、文集等系列校本教材。刘世保教授高度评价了我们的研究与探索，认为它填补了责任教育在中职学段的研究空白。

二、成效与反响

德育是精神，是一所学校前行的不灭之灯；科研是火种和燃料，为德育提供动力和支撑；两者链接，方能彰显强大的张力和效益。实施责任德育建设，一方面实现了我校以责任为底蕴的学校德育转型，另一方面教育科研作为一种管理思想、实施策略、运作方式和操作行为，使学校核心理念得以拓展和延伸。

（一）“责任在心”更加深入人心

师生对责任的认识更加清晰。办好管好学校是学校管理者的责任，教好、教会学生是每一位教职工的责任，学会、用好知识技能是每一名职教学子的责任。2010 年我校被确定为全国重点中等职业学校，2014 年被评为国家首批中等职业教育改革和发展示范学校。当选“十佳责任”团队和个人成为每位职专人的精神追求，目前学校已历经十届评选，产生了 60 个责任团队（班级），60 位责任教师（学生）。学校也多次应邀参加全国和谐德育年会、人文教育年会和责任教育论坛，科研和德育建设的成果在全国各级讲坛上交流展示，受到专家和社会各界的一致好评。

（二）形成了一支富有责任心的职教团队

通过责任德育建设，广大教师的从教理念、责任情怀、教学素养得到了极大提升，涌现出一大批师德高尚、技能精湛的优秀教师。1 人被评为全国责任教育专家，2 人被评为全国责任教育先进工作者，10 人被评为全国责任教育优秀教师，1 名教师荣获山东省优秀教师，1 名教师获得“山东省教学能手”荣誉称号。专业教师队伍素质不断提升。83 人获得技师证书，50 多人次获各级教学类奖励。其中，2 名教师获得全国教学说课比赛一等奖，7 名教师在全国行业比赛中获奖，20 余名教师在济南市技能大赛中获奖，100 多名教师在市级以上教育杂志或报刊上发表论文。

（三）构建了自成特色的责任课程体系

学校构建了“四课并驱，三元导控”课程模式，推出了一批课程研究成果，形成了内容丰富、结构严谨、理论科学的责任教育课程体系，出版了一套贴近中职教育实际的系列校本教材。

（四）培养了一大批素质全面的责任公民

责任教育实践和责任德育建设的最大受益者是学生。我校连续 10 年组织参加全国中等职业学校“文明风采”竞赛，均获“优秀组织奖”。学校先后有26件作品获一等奖，72件作品获二等奖，63件作品获三等奖，47件作品获优秀奖，在全省同类学校中名列前茅。学校在各级职业技能大赛中，先后有近150人次获大奖，其中获全国一等奖1项，三等奖4项。涉外护理专业有30多名学生在英国、澳大利亚、新西兰等十余个国家学习就业。学校连续4年组织全县优秀中职生报告会，报告团成员50余人次，到全县初中学校作事迹报告。他们的报告中有一个共同的关键词：责任。我校毕业生受到用人单位一致好评，其中还涌现出一批自主创业典型。如济南合创天成机械加工有限公司经理、数控专业毕业生贾丽元，2019年4月被团中央推选参加全国中职学校优秀毕业生校园巡回分享团，取得良好反响。

三、问题与不足

德育建设与教育科研相链接和交融，德育建设就有了助力，教育科研也有了方向和期盼。我们在整理提炼的基础上，申报了“责任教育整体构建模式研究”省级课题，并通过了审批立项。我们力争经过2年更加深入、更加全面的研究，能取得如下成果：一是提炼和总结出责任教育整体建构模式的基本理论，形成科学有效的学校德育运行机制；二是以责任为核心，整合学校教育诸要素，构建一体化责任管理模式；三是培养一批学者型、研究型中职学校责任教育管理和实践专家团队；四是不断丰富责任德育内涵，拓展延伸德育载体，将责任内化为师生的精神需求，形成学校特色品牌和精神德育。

四、政策与建议

职业教育正处在大变革、大发展的历史机遇期，探索永无止境。责任教育是一个需要协调的、动态的系统，它随着学校的发展而发展。我校将继续坚持弘扬和谐德育的主旋律，突出责任教育，加强管理，注重积累，以责任文化育人，走特色兴校之道，实现我们的职教梦、教育梦。职业教育的发展机遇摆在我们面前，我们要积极响应习近平总书记号召，共同享有人生出彩的机会，共同享有梦想成真的机会，共同享有同祖国和时代一起成长与进步的机会，引导学生全面发展，成就职业梦想，共圆中国梦。

（王永军　济南市工业学校学生处处长）

LISHI SHANG DE JIAOYUJIA

历史上的教育家

联大八年寒梅，清华一径新竹。

梅贻琦的清华故事

钟秀斌

【编者按】弘扬教育家精神，与弘扬中华优秀传统文化一脉相承。五千年中华文明史，孕育出一大批教书育人、诲人不倦的教育家。他们出思想、有理念、躬身教坛，他们为民族、育新人、报效祖国，成为学高为师、身正为范、后世景仰的大先生。本刊每辑将选出一位古往今来的教育大家进行专题深度报道，首期刊发“清华永远的校长”——梅贻琦的教育故事，以馈读者。

人类星光闪耀时，教育家与时代同在！

“所谓大学者，非谓有大楼之谓也，有大师之谓也。”

——梅贻琦

2021 年 12 月 3 日是著名教育家梅贻琦先生就任清华大学校长 90 周年纪念日。1931 年，梅贻琦先生以短短 15 分钟、不足 1800 字的就职演说，告诉了清华学子们抗日救国的道理。

习近平总书记在讲话中也提起过梅贻琦先生的教育思想。2014 年 5 月 4 日，习近平总书记在与北大师生座谈时曾指出：“教师承担着最庄严、最神圣的使命。梅贻琦先生说：‘所谓大学者，非谓有大楼之谓也，有大师之谓也。’我体会，这样的大师，既是学问之师，又是品行之师。教师要时刻铭记教书育人的使命，甘当人梯，甘当铺路石，以人格魅力引导学生心灵，以学术造诣开启学生的智慧之门。”

2021年10月30日，在首届丘成桐女子中学生数学竞赛开幕式上，著名数学家丘成桐先生盛赞梅先生是20世纪最伟大的教育家。丘先生认为，一所好大学，光有大师远远不够，定要有好学生。梅先生在《大学一解》中把好的师生关系形容为“从游”，老师如大鱼，学生如小鱼，“大鱼前导，小鱼尾随，是从游也，从游既久，其濡染观摩之效，自不求而至，不为而成”。大师没有好的学生，就像鱼儿离开了水；大师没有水，过几年将不再是大师；学生本来是小鱼，有了大鱼的指导，慢慢也会成长为大鱼。

笔者长期研究梅贻琦先生在清华大学时的教育思想，今天的品读就讲述其在生活和工作中的小故事，以此纪念梅先生。

校长是个“寡言君子”

谁又能想到，创造了担任清华大学校长最长时间纪录的梅贻琦先生，在年轻时就被人认为“不爱说话”！

梅贻琦1889年出生于天津一个没落的士绅家庭，后来以全国第6名考取了清华首届庚款留美生。初到清华任教，是在1915年秋季，当时他被聘为物理学教师，住在清华园工字厅。梅贻琦给人的印象是“不爱说话”，以至于他未婚妻韩咏华的同学还跑去找韩：“告诉你，梅贻琦可是不爱说话的呀！”韩说：“豁出去了，他说多少算多少吧。”韩后来感叹说：“就这样，我便和沉默寡言的梅贻琦共同生活了43年。”

1919年6月结婚后，梅贻琦在香炉营头条租了一个小后院。明朝时，外城宣北坊有香炉营，因制香炉的手艺人聚居于此而得名。清朝时，自北向南依次将香炉营划分为1至6条。梅贻琦平时住在清华的单身宿舍，只有周末才回到香炉营的家中。直到1922年秋，他们才搬入清华的教工宿舍（南院）居住。

从1931年就职国立清华大学校长，直到1948年12月离开清华园，1950年赴美管理清华的庚款基金，梅贻琦服务清华47年。他出任校长以后，在家中对公事只字不提，所以他夫人对清华内情了解很少，有时反而是从别的教授夫人处听来只言片语。

自 1911 年清华建校，迄今已 110 多年，前后历经 20 多位校长。1931 年 12 月梅贻琦接任时，已是清华建校 20 年以来的第 11 任校长。在他之前，平均每位校长任期不到两年，长的三五年，短的一两年，甚至几个月。令人称奇的是，任期最短的校长还没进校门就被学生拒之门外，该人名为乔万选。由于历史原因，清华大学曾隶属国民政府外交部、教育部分别管辖，还成立了强势的校董会，加上教授会和学生会，而且当时政局在各大军阀掌控下，各种力量交织在一起相互影响。因此，在相当长的一段时间里，校政并不稳定，甚至出现连续三任校长被师生驱赶的乱象。在梅贻琦上任之前，清华已经有 11 个月没有校长掌舵了。

然而，自梅贻琦履职后，至 1948 年底离开清华园，整整 17 年，中间经历了艰难万分的抗战，他有惊无险地率领着清华师生，在时代风潮中乘风破浪。为清华奉献一生的梅贻琦，被海内外校友一致誉为清华的“终身校长”。即便在 1935 年底，清华学子呐喊出“华北之大容不下一张书桌”的学潮澎湃期，学生与校方矛盾激化时，学生也要声明一句“拥护梅校长”。

为什么梅贻琦任校长后会受到清华师生的一致拥戴，不仅稳定了校局而且成就了清华的高光时刻，成为任期最长的校长？这与梅贻琦的道德风范有关。他以忠诚、刚直、清廉、公正、谦和的人格精神春风化雨，用大师论、通才教育、自由学术、教授治校等理念施校政，爱护师生，钟爱教育，热爱家国。

梅贻琦主政清华和西南联大时，大师云集、英才辈出，涌现出杨振宁等诺贝尔奖得主；在 1955 年至 1980 年中国科学院三次选出的 473 位院士（学部委员）中，有 194 名清华或西南联大师生入选，占 41%；23 名“两弹一星功勋奖章”获得者中，有钱学森、邓稼先、钱三强、王淦昌、周光召等 14 名清华或西南联大师生。能够交出这样施教育人的卓越成绩单，清华师生又怎会驱赶他？

有人曾问梅贻琦："怎么你做了清华校长这么些年？"他笑着说："大家倒这个，倒那个，就没有人愿意倒梅（霉）。"

就职演讲首提"大师论"

"不爱说话"的梅贻琦在就任清华大学校长时，以沉稳平静的口吻向同学们发表了一场拉家常式的演讲。也就是在这次演讲中，他提出了自己的核心教育思想——"大师论"。

1930 年至 1931 年间，经过"三赶校长"风波后，清华师生对校长人选自有一番考量。学生心目中的校长有五条"硬指标"：一是无党派色彩；二是学识渊博；三是人格高尚；四是确能发展清华；五是声望素著。

通过反反复复、一再物色，已在清华任教 16 年的梅贻琦走进了师生的视野。

之前，梅贻琦正在美国纽约出任清华留美学生监督之职。1931 年 10 月 8 日，国民政府电令他出任国立清华大学校长。同年 12 月 3 日，时年 42 岁的梅贻琦到达清华园，接受校长大印。

现在让时光回到 1931 年 12 月 3 日的清华园。

"本人离开清华已有三年多。今天在场的诸位，恐怕只有极少数的人认识我。我今天看到诸位里面，有许多女同学，这是从前我在清华的时候所没有的。我还记得从前在清华负责的时候，就有许多同学向我请求开放女禁，招收女生。我当时的回复是，招收女生这件事，在原则上我是赞成的，不过在事实上，我认为尚须有待。因为男女的性别不同，在许多方面必须有特别的准备，所以必须经过精心筹备，方能实现。现在，在我出国的三年内，当然准备齐全，所以今天有许多女同学在内，这是本人所深以为慰的……"

梅贻琦发表的这篇让后人时常念起的就职演讲，语言质朴、言简意赅，然而意义非凡。

他的演讲为清华教育定下了基调："办学校，特别是办大学，应有两种目的：一是研究学术，二是造就人才。”他心目中的清华应该有特殊地位，不是说要享受什么特殊的权利，而是要在学术研究上有特殊的成就，应致力于高深专精领域。他提醒，学术的造诣是不能以数量计较的。要做高深研究，必须有两个必备的条件：一是设备，二是教授。在教授方面，梅贻琦道出了后来广为人知的“大师论”：“所谓大学者，非谓有大楼之谓也，有大师之谓也。”一语道尽教育真谛，这一理念不仅使清华大学和西南联大受益匪浅，也成为所有好大学的标准。

当时，九一八事变刚刚发生不到三个月，东北沦陷，华北危急。梅贻琦冷静地告诉师生，只要牢记国家这种危急的情势，刻刻不忘救国的重责，各人在自己的位置上，尽自己的力，则若干时期之后，自能达到救国的目的了。

这篇演讲，在次日的《清华周刊》上刊发，算上标点符号不到1800字，以梅贻琦一贯和缓的语调说出也不过15分钟。全文质朴无华、道理清晰，堪称清华史上最朴素的就职演说。

生活也曾穷困潦倒

抗战之前的清华，因有庚款基金支持，在大学里算是富有的。一般教授的薪水大概在400到600块大洋，就当时的购买力而言，绝对是高薪。

当时的稀罕电器冰箱，是教授家里的标配。著名历史学家何兆武先生曾回忆，他的姐姐那时在北大上学，一个月伙食费5块钱就足够，一学期的学费也仅10块钱。梅贻琦每月薪水600块，再加200元校长津贴，月入800大洋。北京当时一座普通的四合院也就一两千大洋而已。

然而，这一切美好的生活都毁于一场罪恶的侵略战争。长达数年的惨烈抗战，使中国百姓和社会消耗了大量人力、物力与财富，战时百业凋敝、经济萧条，物价就如脱缰野马般狂飙暴涨。据西南联大教授的统计，与战前相比，1942年底昆明物价上涨了156倍。到1943年，上涨了404倍，而教职员工们的薪水仅涨了十多倍。

物价初涨时，教授们的薪水尚可支应，后期每月薪资仅能支持三周生活，而最苦的日子月薪仅够一周的生活开支。无钱买肉，教务长潘光旦教授一家捕鼠当肉吃；入不敷出，闻一多教授治学之外不得已治印赚外快；许多师生在校外兼职以纾时困；教授夫人们早已不能像战前那样安心做太太，相夫教子，不得不放下身段，使出浑身解数，各显神通，能织补的织补，能烹饪的烹饪。

当时窘况，陈寅恪教授有诗记载："淮南米价惊心问，中统钱钞入手空。念昔伤时无可说，剩将诗句记飘蓬。"朱自清教授在感叹"米盐价逐春潮涨"的同时，"剩看稚子色寒饥"。中文系副教授萧涤非的境况更加悲惨："妻行骨立欲如柴，索命痴儿逐逐来。却笑蒙庄方外客，也缘升斗要人哀。"

师生生活难扼，校长也一样穷困潦倒。有学生亲眼看见梅贻琦有时拿包衣物到典当行去当钱应急。他的夫人韩咏华就和教务长潘光旦教授的太太学做南方米糕，取名"定胜糕"。为顾全校长声誉，韩咏华只得隐姓埋名，穿上女佣服饰，提篮上街售卖，以贴补家用。他的儿子在昆明为躲避日机轰炸，跑警报时跑丢了眼镜，居然无钱再配。晚年的韩咏华也曾聊起在昆明时的困顿："经常吃的是白饭拌辣椒，没有青菜，有时能够吃上一碗菠菜豆腐汤，就是改善伙食了。"每次西南联大师生申请到政府救济补助，梅贻琦总是先让师生领取，而且不准自己在校的两个女儿和儿子领取任何补助。

1948 年离开清华园后的梅贻琦，在经济上并没有得到改善。1950 年他前往美国管理清华庚款基金上百万美元，长期资助在海外求学的华人学者，每人每月 300 美元，他自己也只支取 300 美元。夫人来美后，只能去美国盲童学校打工看孩子，直到 66 岁不得不退休。他不仅没有为子女留下任何家产，反而因患病而负债，穷到自己住院时付不起医疗费，最后连丧葬费都是学生们合捐的。

梅贻琦的穷困，在清华史上所有校长当中无疑是极致的，甚至在世界大学史上也是罕见的。

岳飞曾说："文臣不爱钱，武臣不惜死，天下太平矣。"梅贻琦全神贯注于教育，且一生又如此清廉洁净，被学生称为"万世师表"当之无愧。

鲜为人知的中外合作

朗朗上口、传唱至今的清华校歌，"中西文化，荟萃一堂"和"立德立言，无问西东"，是梅贻琦任职期间致力推动国际文化交流、提升中国学术水准、取得不俗业绩的生动写照。

1935 年，梅贻琦聘请著名数学家、控制论创始人、哈佛大学教授维纳到清华任教一年。1936 年，聘请法国数学家、时任世界数学会副会长阿达马到校任教，他是首位来华任教的法国科学院院士。

而梅贻琦聘请世界航空航天技术泰斗冯·卡门先生来清华，协助国民政府筹建新空军，则是最隐秘的一段中外合作往事。

1934 年，清华设立航空讲座教授，梅贻琦邀请时任美国加州理工学院教授的冯·卡门来华任教，后因冯·卡门要回德国不能来华。但他热心引荐美国著名空气动力学家华敦德博士，1936 年 2 月，华敦德到清华担任航空讲座教授。

乍看起来，这是清华当年一次普通的学术合作。其实不然，冯·卡门事后回忆道："谁知后来戏剧性地高潮迭起，涉及中国的军机大事……"

原来这是一项绝密计划——国民政府在南昌组织、训练了一支新空军，应对日益逼近的战事。新空军的骨干设备都是外国飞机，多向美国或意大利购买，常出故障。因此国民政府决定自造飞机，原材料配件就地取材。由清华大学负责飞机的设计、兴建及操作，华敦德担任科学与技术指导。冯·卡门回忆，华敦德开始也不知道他应邀来华的这项重要任务，直到他来华好久之后，中国政府觉得他可靠才告知实情。

华敦德接受委托后，工作得力。他建议建造一个大风洞，以便容纳飞机的翅膀、引擎或机尾等组件，可试验外国飞机的性能，发现缺点从而改进。

这是当时世界最大的风洞之一，这类工程当时在中国尚属首创，没有建筑公司敢承包。华敦德就让学生设计风洞，同时监工兴建，这样还能破除中国人不会独立治事的迷信而建立信心。

设计工作始于 1936 年秋。华敦德回忆，中国学生在设计时的表现使他终生难忘：开始那天，25 人找来了 25 套绘图板，每个人左手扶丁字尺，右手拿铅笔。这天一进教室，班长一声立正，全体肃立，一动不动，各人两眼含泪，静候指令，以开始这项伟大的工作，作为对中国救亡运动的具体行动。

仅用半年时间设计即告完成，清华派华敦德与张捷迁两位教授留驻南昌督造。建造过程中，虽然建筑技术比较落后，但工人们表现出极大的爱国热忱，他们连夜工作，晚上实在顶不住了，就睡在竹床上。

1937 年 5 月，在风洞建造过程中，华敦德邀请冯·卡门从美国来华指导。冯·卡门是航空界的权威，他要来华的消息，无意中让一个以“工程师”身份在美国参观的苏联空军将领知道了，就执意拉他取道欧洲，以便移步苏联指导。因此，冯·卡门来中国之前，耽搁了大约一个月。

1937 年 7 月初，华敦德去山海关火车站接冯·卡门。在车上，华敦德才告诉冯·卡门，邀请他到清华指导只是表面理由，实际另有文章，要帮中国建立一支新空军。

1937 年 7 月 5 日，冯·卡门到清华参观，被梅贻琦正式聘为名誉教授；7 月 6 日，冯·卡门、华敦德、国民党军方人员、梅贻琦和清华工学院院长顾毓琇等开会。7 月 7 日，华敦德和冯·卡门搭上了京沪特快（抗战前最后一班京沪快车）南下。车刚到济南，冯·卡门回忆说：“站上人声鼎沸，喧闹不已，月台上人们跑来跑去，因抢购报纸不易而互相叫骂。我问车上服务人员发生了什么事，他说战争爆发了……”

到达南京后，他们见到国民政府航空委员会主任周至柔，一起飞赴南昌国民党空军司令部所在地。随后，一架三引擎的意大利飞机送他们到九江，乘“滑竿”登牯岭去见正在召开庐山谈话会的蒋介石夫妇。在餐桌上，宋美龄亲任翻译。谈话内容主要由蒋介石、宋美龄提问，冯·卡门解释并陈述如何快速有效地发展航空事业的途径。

2021年恰好是冯·卡门诞辰140周年。学海思源，他曾是钱学森、钱伟长和郭永怀的导师。这位航空航天界的泰斗级人物，和中国有着不解之缘。

战时办起“三产”

抗战后期，西南联大师生面临着巨大的经济压力。为了解决办学经费严重不足的问题，保障师生基本生活，1943年6月，梅贻琦决定成立清华服务社，利用清华人才和技术优势，开展社会化服务，增加战时后方生产，创造经济价值，以弥补清华与西南联大师生生活的亏空。

清华服务社设立管理委员会，工学院院长施嘉炀教授为主席，工学院教授阎振兴出任经理。服务社下设机械工程部、应用化学部、电机工程部、土木工程部、矿冶工程部、无线电工程部、理化部、农艺部等八个业务部33组。

该社成立半年来，机械工程部机制木材组发展特别迅速，单为供给美国陆空军供应处建筑材料一项，营业额达数千万元，而且各锯木厂彻夜工作，尚供不应求。应用化学部的化妆品制造厂，牙水、发油已在市上流行。农艺部除碾米厂外，增设酿造组，制造味精酱油及普通酱油等，赢利颇丰。梅贻琦说，一面可以调剂本校及联大同人生活，一面可以帮忙社会生产。在这个抗战期中，本校同人可算各尽其力了。

当时的清华服务社，颇类似20世纪八九十年代风靡一时的高校校办企业，实际上就是利用学校的人才和技术优势创办的“综合实业技术开发公司”。这无疑是清华最早的校办企业，创办的目的只有一个，那就是获得一定的经济效益，来改善清华和西南联大师生当时极端困苦的物质生活，也是战时环境所逼，不得已而为之。如果从教育思想看，则是梅贻琦因时因势因地制宜、学以致用的一项创举，同时也体现出梅贻琦面对困境勇于开拓、不拘一格的治学办校作风。清华服务社虽然由清华主办，但收益分享却是西南联大，梅贻琦心中之“大”不言而喻，这也是西南联大能够珠联璧合多年的主因之一。

抗战胜利后，西南联大的历史使命完成，清华服务社的任务也结束了。梅贻琦没有因为清华服务社能赢利而视作宝贝，他始终坚信，大学的要务是发展学术和培育人才，这是不能偏移的。正如俗话所说，大将军赶路不追小兔。

如今人们缅怀梅贻琦先生，往往惊叹于那些教育勋业。的确，梅先生几十年如一日，专心致志地服务清华，发展教育，开创了清华黄金时代和西南联大奇迹的教育盛景，为中国教育事业奠定了良好基础，为民族、国家培育了大量杰出英才。

当然，梅校长的教育思想并不深奥。不过，被誉为“寡言君子”的梅校长却是一件件地做，最后得到一项项功业，扎扎实实地影响了中国的现代化进程。

（钟秀斌　资深媒体出版人）

静思

柳袁照

不用这么用心
远离了喧嚣
不用担心
一切都是原有的样子好
森林里的隧道
是树木长成这个样子的
我们心里的隧道
你心里知道就好
阳光也会让森林明媚起来
只是我们的世界
还是隐秘一些好
只要心里明亮
云雾也都会有色彩
就坐在这儿沉默不语
看着你百般妖娆

（柳袁照　江苏省苏州第十中学校原校长）